God's Web Mail:
www.Clean Up Your Act

Rev. Dr. Corteze B. Rawley, Th.D

Copyright © 2025 Rev. Dr. Corteze B. Rawley, Th.D.

All rights reserved. No part of this book may be reproduced, stored, or transmitted by any means—whether auditory, graphic, mechanical, or electronic—without written permission of both publisher and author, except in the case of brief excerpts used in critical articles and reviews. Unauthorized reproduction of any part of this work is illegal and is punishable by law.

ISBN: 979-8-89419-578-0 (sc)
ISBN: 979-8-89419-579-7 (hc)
ISBN: 979-8-89419-580-3 (e)

Library of Congress Control Number: 2010918768

Because of the dynamic nature of the Internet, any web addresses or links contained in this book may have changed since publication and may no longer be valid. The views expressed in this work are solely those of the author and do not necessarily reflect the views of the publisher, and the publisher hereby disclaims any responsibility for them.

One Galleria Blvd., Suite 1900, Metairie, LA 70001
(504) 702-6708

Dedication:
Thomas J. Rawley

It is with refresh hydrating that I dedicate God's Web Mail to the one who inspired, encouraged and equipped whom I shared in a 50 year Jubilee Season. My Boaz, my TR, my Husband who transition from Earth to Eternity September 11, 2024.

CONTENTS

Foreword vii

Acknowledgements ix

Introduction xi

Foods to Assist Our Body Parts 1

Dipping Into Seventh Heaven 5

Oh! The Blood 9

Fasting and Purification 14

Lord I Want to Change 23

Small Changes 25

Shadowing Benefit of Exercise 27

Join in as One: The Mind, Body and Spirit 29

Juicing May Lead to a Healthier You 33

Feast and Festival 36

Healing Scriptures For Your Wholeness 39

Life and Death is in the Power if the Tongue 43

Message from the Author 47

Bibliography 49

INDICE

Preámbulo 55
Reconocimentos 57
Introduccion 59
Alimentos Que Ayudan Nuestras Partes Del Cuerpo 63
Sumergiendose En El Séptimo Paraíso 67
¡Oh La Sangre! 71
Ayuno Y Purificación..77
Señor Yo Quiero Cambiar 87
Cambios Pequeños..89
Beneficio Del Ejercicio..91
Unasen Como En Uno: Pensamiento, Cuerpo, Y Espíritu 93
Usando Jugos Puede Conducirles A Un Ser Mas Saludable 97
Banquete Y Festival 100
Escrituras De Sanación Para Su Bienestar. (Amplificado) 103
Vida Y Muerte Esta En El Poder De La Lengua............106
Mensaje De La Autora 109
Bibliografía...111

FOREWORD

Rarely does one witness the "pure, unadulterated truth' about what makes you healthy and keeps your in good, Godly condition, as presented by Rev. Dr. Corteze B. Rawley. She has spared no Scriptures, cut no corners or deviated from God's word. This work is biblically based, and scientifically sound.

Unfortunately, we do not really pay enough attention to taking care of our bodies until we really become ill. Would not it be better to prepare for war in the time of peace? The same is true with our bodies. The Scriptures teach that we should prosper and be in health, even as our soul prospers. However, we pay more attention to the "prospering" than we do to being in health. Healthy living requires health promotion and disease prevention. Dr. Rawley has given you a wonderful list of foods that assist the body's prospering and being in health. Her explanations concerning the similarities between parts of our body and the foods that we eat are quite illustrative and worthy of note.

Much of the material presented in this pocket compendium is common sense, but there are times when many of us fail to exercise common sense and, as such, this writing provides just the jolt we need to get us back on track. Biblical scholars will be enthused and inspired by this writing, scientists intrigued and lay leaders/parishioners invigorated. As one who has spent the previous 13 years researching and writing on the union of faith and science, I welcome this writing and the impact that it can have on our lives. I find this book a likely connection to my previous books in the area of faith and science, ***"Spirituality and Medicine: Can the Two Walk Together" and "Translating Spirituality in the Healing Professions." I consider Dr. Rawley's book a must read and I am sure when you purchase and read it, you will rush to tell others about its benefits!***

Glenda F. Hodges, PhD, JD, MDiv.
Director, Community Relations and Hospital Support Services

ACKNOWLEDGEMENTS

I am deeply grateful to so many special people. But there is no greater honor on this earth than for God to press a message from Heaven into the heart of his servant. I thank and praise God for using family, friends, Church family, colleagues and professors of Jameson Bible College, International Christian University as well as, neighbors who gave words of godly wisdom and encouragement to bring about this written work.

INTRODUCTION

Jesus said, "I am the light of the world"... and I have come that you may have life and have it more abundantly" **(John 10:10)**. He (Jesus) also said that "I have given you ***all things*** that pertain to life and godliness." **(2 Peter 1:3)**

Ask yourself... have you taken advantage of all the things that Jesus has given us for this life? Are you living an abundant life or are you in a rut, stuck in neutral, not moving forward or backward, going no where fast? If you are someone whose life seems stalled, maybe it's time for you to take control and make some dramatic changes.

According to some researchers the age of (50) fifty is the new (30) thirty and the age of (70) seventy is the new (50) fifty. This suggests that people are living longer and their quality of life has changed dramatically for the better. If this is true, then the question posed is why are so many people dying prematurely, why are so many people sick? Could it be that they are succumbing to sicknesses and mental illness due to stressful and unhealthy lifestyles? Is it because they just don't take care of themselves properly? Not exercising or eating the proper nutrition? Or is it that they view their current state-of-affairs with a sense of hopelessness?

The Word of God tells us in **Hosea 4:6**..."my people perish for a lack of knowledge... because they reject it." Are people not informed or simply misinformed? Do they reject godly advice, medical advice, the wisdom-of-the-ages, or everyday mother-wit? Are they too caught up focusing on their exterior self, dressing up the outer-man because it's easier, and failing to nurture and care for their inner self?

We are bombarded by commercials on television and radio, advertisements on billboards, in newspapers and magazines, as well as the Internet that promote everything from health and beauty aids to pills to cure what ails you. With all these resources at our disposal, why are people unwilling to take a proactive stance to alleviate or minimize stress in their lives, and why are they unwilling to make positive changes in their eating habits, and address the inactivity of their bodies (their temples)? Could it be that there is so much information out there that they are unable to sift through it all to get to what they need? I am not quite sure what the answer is. Maybe they don't know where to turn. Please know that all is not lost.

I have come as an extension of God's heart and hand to offer some clear and basic information to help those who might be spiritually dehydrated, to assist them in focusing more clearly on taking care of their whole being and to also remind them that they have one life and one body – keep it tuned and running well, as they live life to the fullest and wakeup each day with wisdom and the Word.

God did not just create us to have a human experience alone, but to master a spiritual experience and relationship with Him and others. We can only do this effectively if we're operating in good health. There can be no wholeness if all three components of our being (spirit, soul and body) are not functioning collaboratively to strike a balance.

We are to be reminded that God, Himself, said, "Beloved above all things that you prosper and be in good health, even as your soul prospers. **(3 John 1:2)** This scripture alone offers encouragement from the very throne of Heaven. God has also provided help for us right here on earth. There are health care providers such as doctors, nurses, hospitals and medical facilities to aid us when we are sick; dietitians, nutritionists, gyms, spas, rehabilitation centers etc., to assist us when we are working on being physically fit; and there is the five-fold ministry of pastors, teachers, apostles, prophets and evangelists to assist God's people by caring for their minds, and spirits.

So, c'mon, if you've fallen by the wayside or gotten off track, here is a chance for you to make a change today. Everything you need is right here.

In conjunction with the Word of God and all of the provisions God has supplied for your success I bring you information to help you to clean up your act.

God's Web Mail is the title of my new book that will not only help jump-start and enhance your life, but help you get the tune-up you need to wake up your spirit, feed your mind and rejuvenate your body to prepare you to become fit for the Master's use inside and out.

It provides a variety of information that will aid you in identifying nutritional food selections, making lifestyle changes and choices for the renewing, healing and cleansing of your body as you integrate the Word of God as an aid to help you achieve your specific goals.

It is my prayer for each of you reading this book that you will extract from these pages valuable information that will aid you in your personal quest toward developing a healthier lifestyle. That you will gain wisdom and knowledge out of the Word of God and that your spirit and your mind will be fed and renewed as you become complete, unique and whole in Christ Jesus.

REMEMBER ..You can do all things through Christ who strengthens you.

HERE'S HOW! FOOD FOR THOUGHT!

FOODS TO ASSIST OUR BODY PARTS

Jehovah Jireh, the Lord God our provider and supplier, not only created food which nourishes and regulates each of our body parts, He gave us Scripture to feed our minds and souls as well. From the inception of the first verse found in the Holy Bible (**Gen 1:1**) a simple ten-word short sentence is inscribed and it reads…"**In the beginning God created the Heavens and the Earth.**" The number *"ten"* is the number for wisdom; and in His infinite wisdom God set all of creation into motion, not haphazardly, but in an orderly fashion. The greatest of God's creation was Man (mankind). However, Man was not created until the sixth day. Everything created beforehand was to sustain man's existence upon the earth.

On the first day cosmic light, the separation of day and night was created (**Gen 1: 3-5**); on the second day the firmaments were separated and the sky was formed (**Gen 1:6-8**); on the third day God created two works; the first work dry land/earth appears (**Gen 1: 9-10**), and the second work vegetation appears, plants yielding seed after there kind and trees bearing fruit, with seed in them after their kind (**Gen 1:11-13**). These foods included, but were not limited to broccoli, cauliflower, spinach, green, yellow, and red vegetables of all kind. All foods and medicines come out of the earth, and the earth is the Lord and the fullest there of. They were created to feed some 75 trillion plus cells and

30,000 genes in the human body which would enable man and woman to live long and healthy lives.

Have you ever noticed how remarkable it is that a **_sliced carrot_** looks like the pupil of human eye, resembling the iris with that flat, circular color in the membrane? Science has shown that carrots can have a great effect in the blood flow of the eyes. Don't you remember your mother telling you as a child to eat all of your carrots so that you will have good eyesight?

The following vegetables **_Celery, Bock Choy, Rhubarb_** have the look of bones. These veggies specifically target bone strength. Bones are said to have at least a 23% sodium component and these veggies are said to have the same sodium content. If you don't have enough sodium in your diet the body pulls it from the bones, making them weak. These foods may help to replenish your skeletal needs.

Eggplant, Avocadoes and Pears target the function of the womb and cervix of a woman. How interesting is it that these vegetables and this fruit are shaped just like organs in a woman's body? Research shows that when a woman eats one avocado a week, it helps balances hormones, and helps in the shedding of unwanted birth pounds, and also seems to help in the prevention of cervical cancer.

Check this out! It takes exactly nine months to grow an avocado from blossom to ripened fruit, and exactly nine months for the gestation of human life. The number *"nine"* is the number that represents fruitfulness, finality and new birthing in God's numeric system.

Figs are full of seeds and hang in two's when they grow. It has been said that Figs increase mobility of male sperm as well as they help to overcome male sterility. And they are excellent for bodily eliminating purposes. In appearance they resemble male testicles.

Grapes hang in a cluster have the appearance and shape of the human heart. Each grape looks like a blood cell and all of the research today shows that grapes are also profound heart and blood vitalizing food.

Grapefruits, Oranges *and other* **citrus fruits** resemble the mammary glands of the female and will assist the with the development of healthy breasts and movement of lymph nodes to and from the breasts.

Kidney Beans actually aid in the functioning and healing of the kidneys and this vegetable resembles what a human kidney looks like in the abdominal cavity.

Olives have a hard stone, and bitter flesh. This small oval fruit is shaped like a woman's ovary.

Onions too, look like body cells. They produce and cause tearing through our tear ducts. Research shows that onions much like garlic help clear waste materials from body cells.

Sweet Potatoes resemble our pancreas and could help in the balancing of the glycerin index of diabetes, and has been said to be a cancer-fighting agent.

Tomatoes have four chambers and are red in color. The human heart that is a hollow muscular organ that maintains the circulation of blood by rhythmic contraction is red in color with four chambers as well.

Research shows tomatoes are good for the heart and is considered a blood food.

How phenomenal is it that the human brain which is an organ made up of soft tissues and nerves having four-square units, a left and right hemisphere, upper cerebrums and lower cerebellum can resemble a _**walnut?**_ When you look at a walnut it too has wrinkles and folds like the human brain. It has been established that walnuts are a good source of food for helping to aid in brain functioning.

Now you tell me, if that isn't God and His infinite wisdom at work. These twelve fruits and vegetables not only resemble human organs, but were created to provide nourishment and aid in the functionality and empowerment of the body and the parts they resemble. **Twelve** is God's number for power, authority, government and dominion. And also the numerical symbolisms mentioned in **Revelation 22:2**; regarding the 12 variety of fruit for healing and restoration as well as in, **Rev. 12:1** as a woman – interpreted as the people of Israel, the Church or the Virgin Mary – wearing a crown of twelve stars (representing each of the twelve Tribes of Israel). Most a surely let us not forget the month of celebration, the twelfth month (December) Jesus' celebrated birthday. Amen.

DIPPING INTO SEVENTH HEAVEN

Numbers have had their significance in the Word of God. When we look at the number *seven (7)* we see that it has had significant importance in both the Old and New Testaments. The number **seven** symbolizes God's perfection, completion, sovereignty and holiness.

> I believe as you read on your mind will become empowered as you prepare for a great outpouring of anointing and as well as deliverance as the walls of religious and physical dehydration come down. Be reminded in your quest to clean up your act that the Lord will perfect or accomplish that which concerns you. **(Psalms 138:8)**.
>
> Just like the children of Israel were directed to walk around the walls of Jericho **seven** days. Joshua walked and marched around those walls once a day for six days, but on the **seventh** day he marched **seven** times and on that day the walls came tumbling down **(Josh 6:15-20)**

That's what is going to happen in your life as you draw from the information in this book. Those obstacles and hindrances that have precluded you from moving forward will dissipate as you are strengthened by the Word of God.

When Naaman, a mighty captain of the host of the Syrians was stricken with leprosy he went down to the chilly Jordan River and had to dip himself **seven** times. When he emerged from the river's depths on the **seventh** dip he came up clean.

In the book of Daniel King Nebuchadnezzar had the fiery furnace heated **seven** times hotter then it normally was heated in which the three Hebrew boys, Shadrach, Meshach and Abednego were cast as punishment for disobeying the king's edict to pray and worship no other God, but the king.

You will also find that the number **seven** has great significance in prophesy. If you have read the book of Revelation John, the revelator, recorded what he saw. There were several references to the number **seven**. The letter was addressed to the **seven** churches in Asia Minor. It spoke of the **seven** spirits, **seven** candlesticks, **seven** seals, **seven** trumpets, **seven** vials/bowls, **seven** angels, **seven** stars, etc.

It took Solomon **seven** years to build God's temple. For **seven** days he gave the sacrifice of offering, and on the **seventh** day, the glory of God came down.

There are **seven** divisions, which constitutes the Lord's Prayer. God placed **seven** elements in our lives that we as human beings can't do without: air, sun, water, food, sleep, relationship and purpose in our lives.

Even when I was in high school not too many years ago we were taught in home economics that in order to set a table properly you need **seven** items, a fork, a knife, a spoon, a plate, a cup, a saucer and a glass.

The Bible makes reference to several mountains ranges throughout both testaments where major events have taken place but I have chosen the following **seven** for their significance. **Mt. Herod** was where the Ark during Noah's day landed when the flood was over; **Mt. Moriah** was where Abraham offered his son, Isaac as a sacrifice; **Mt. Sinai** where

Moses went and received the written law. There was **Mt. Carmel** where Elijah went and challenged the pagan prophets; the mountain/hill called **Calvary** was the place where Jesus was crucified; the **Mt. of Olives** where Jesus gave his Olivet discourse, and where he ascended to the right hand of the Father. It was a mountain called **Mt. Hermon** where Jesus took Peter, James and John and there he was transfigured and his divinity outshined his humanity.

As you can see the number **seven** is continually seen throughout the pages of the Bible in references such as:

- Jesus feeding the multitude of 5000 people with **two** fish and **five** loaves of bread. Here, you do the math; 2 + 5 adds up to **seven.**
- The blood of sacrificed animals was sprinkled **seven** times on the Ark of the Covenant.
- There are **seven** gifts of the Holy Spirit, wisdom, knowledge, faith, healing, prophecy, tongues and interpretation of tongues.
- In the creation account of the Bible let us remember that God rested on the **seventh** day.
- The sacred menorah has **seven** branches.
- There are **seven** days in a week.
- There are **seven** colors in a rainbow
- There are **seven** continents in the world,
- There are **seven** layers of skin on the body.
- We have **seven** holes in our head, **two** eyes that act like cameras and send messages to your brain, **two** ears that pick up high and low pitches, **two** nostrils for smelling and **one** mouth that articulates your speech. These **seven** parts make up a human's facial features.
- There are **seven** bones in our neck.
- There are **seven** notes in the music scales and **seven** ranges to our voices.
- A man's pulse beats on a **seven-day** principle; six days out of **seven** it beats faster in the morning but on the **seventh** day it beats slower.

- We are in the **seventh** Dispensation of man's recorded history.
- If you flip over into the twenty third chapter of Exodus there are **seven** Passover blessings revealed in that passage of Scripture: **(1)**. God will assign an angel to you; **(2)** God will be an enemy to your enemies; **(3)**. God will give you prosperity; **(4)** God will take sickness away from you; **(5)** God will give you a long life; **(6)** God will bring increase and inheritance and **(7)** God will give a special year of blessings. How many of you would want and could use a special year of blessing?
- As Jesus himself went to the Cross he had **seven** last words.

From Genesis to Revelation you have just dipped into **seventh** heaven and God's number of favor is present. As evidenced then and in the times to come God is getting ready to perfect and complete those things that concern you in your individual lives and for mankind as a whole.

Always be reminded that Jesus is King of Kings and the Lord of Lords and all things are possible through Him. Sit back and relax and continually be blessed of the Lord, as you rise daily and remember the most vital and important sevens as you pray.

Thank you for waking me up.
Thank you for letting me look up.
Thank you for letting me lift my head up.
Thank you for letting me raise my hands up.
Thank you for letting me speak up.
Thank you for letting me sit up.
Thank you Father for letting me stand up.

Summed up you just had a brief Aerobic Bible lesson from Genesis to Revelation.

Whew - Hallelujah!

OH! THE BLOOD

Now let us jog into the Book of Isaiah. Isaiah was a mighty prophet of God. The accuracy of his writing and speaking is second to none. The name Isaiah means Salvation of the Lord. If you look at it from another perspective it means salvation has come to us from the Lord. It is the book that prophesized the death and resurrection of Jesus.

The Book of Isaiah bares similarities to the Bible in its composition. Isaiah is divided into two sections and has sixty six chapters, just as the Bible is divided into two sections, the Old and New Testaments, and has sixty six books. Could this be coincidental? The Bible itself has thirty nine books in the Old Testament and twenty seven in the New Testament. Isaiah has thirty nine chapters in the first section and twenty seven in the latter.

Isaiah 1:18 says…**"Come, let us reason together and though your sins are like scarlet, they shall be as white as snow."** We can see that a transformation is imminent, a new beginning is about to take place. Scarlet is red and red is the color representing our blood. **Eight (8)** is the number which represents new beginnings and our heavenly Father lets us know that it all begins with the blood.

Blood is the red fluid that circulates in our arteries, veins and vertebrate every twenty three seconds. The average adult has ten pints of blood in his or her body. One unit of blood is roughly the equivalent of one pint. Blood makes up about 7% of your body's weight, and there are four blood types: A, B, AB, and O. Blood types are based on the presence or absence of specific antigens in red blood cells. Jesus said everything is in the blood. I love to think of the blood in this manner:

> The blood of Jesus cleanses and brings life to the body. It washes away all our sins, purifies and strengthens the heart. **(Lev. 17:11, Eph. 5:26 and John 6:54-56)**

> The blood acts as a climate control. **(Genesis 8:22)**

There is no other name such as the name of Jesus who can heat-up and or cool down our surrounding environment.

> The blood is a Power Plant **(Acts 1:8)**

We can't live with out this source of power; it's highly charged and electrifying.

> The blood is Emergency First Aid **(Rev. 12:11)**

It is the only bandage that is truly needed.

> The blood is a Security Patrol **(Job 1:10)**

It will place a hedge of protection all around us, fencing us in.

> The blood is a Peacemaker and Arbitrator; Giving us the peace that passes all understanding. **(Col. 1:20)**

> The blood is our Environmental Perfection **(Hebrew 11:20)**

In the time of a storm He makes the waves and wind cease, and is a bridge over troubled waters.

> The blood seals our Faith contract with God
> **(Genesis 3:21)**

It clothes us and brings us into unity.

In the Book of Genesis the first reference to the shedding of blood is made. Adam and Eve sinned by disobeying God and in so doing became aware of their nakedness and had covered themselves with fig leaves. Animals were sacrificed; their blood was shed and their skins were used to provide substitutionary coverings for Adam and Eve.

Cain and Abel who were brothers and the offspring of Adam and Eve were to bring an offering unto God. Cain raised crops and was a tiller of the ground, while Abel, his brother, was a keeper of sheep. Abel brought the sacrifice of a lamb while Cain brought what he grew from the ground. God refused Cain's sacrifice and accepted Abel's. This angered Cain; his heart was filled with resentment and jealousy to the point that he plotted and executed his brother's murder.

You may ask the question, why was Cain's offering unacceptable to God? It could be, perhaps, because it was not a **"blood-sacrifice."** Cain brought a bloodless sacrifice and something that was from the "cursed" ground and unacceptable to God. If you remember reading in Genesis you know that the ground was cursed because of the prior sins of Adam and Eve.

In **Genesis 4:10** the word says the blood of Abel cried out from the ground to the Father. That tells us the **blood** speaks to God. Cain had committed a horrific sin, murder; the shedding of innocent blood, the blood of his own brother. God is the giver and sustainer of life and he looks unfavorably upon those that kill another, whether physically, emotionally, mentally or spiritually, because we are made in his image. When what we do is detrimental to a sister or brother we are doing it unto the Father.

The blood is powerful. Without the blood of Jesus we have no covering for our sins. When Jesus died for us He was the ***perfect blood sacrifice***. No one else died for us, and is recorded as resurrecting from the dead. The blood is so important that it is mentioned 460 times in the Bible.

In the Book of **Exodus, chapters 1-15** we see the power of the blood activated to save the lives of the children of Israel. They had been instructed to paint the lentils and doorposts of their homes with lambs' blood as a sign to God to "pass over" their houses, as the angel of death slayed all the first-born in Egypt.

The Israelites' obedience to God's commands was not only life saving, but it served as a precursor to their preparation for their exodus from Egypt. There was a Passover meal of bitter herbs and unleavened bread prepared to commemorate their impending freedom and to instill in the hearts and minds of the Israelites a reminder of the bitterness of their 400 years of slavery. So the blood of sacrificed animals used to paint the doorposts was a foreshadowing of the ultimate sacrifice of the Lamb of God whose blood has the power to save today.

Through the blood of Jesus we have a right relationship with God. The blood provides us with the promises of God and brings us into a covenant with Him. We are able to let our petitions be known unto God by using the ABC's – **Ask-Believe-Confess** His Word. In so doing, the Word of God promises us in **Psalm 90:10** the days of our years are threescore and ten, and if by reason of strength, they be fourscore.

Not only do we have a right relationship with God through the blood of Jesus but in partaking of **Communion** known to many as the **Eucharist the Blessed Sacrament or the Lord's Supper.** Eucharistia: Greek meaning – good, well, favor, grace and to thank. After going through a challenging situation in my body the Lord spoke in my heart and said this is the Meal that Heals receive it. All though served many as a religious ritual on the first and third Sunday of each month in many Churches. It was the final meal that **Jesus Christ** shared with his disciples before his arrest and Crucifixion.

The Last Supper is documented in all three Synoptic Gospels: Matthew, Mark and Luke; and the First Epistle Corinthians. It is recorded that the Lord Jesus on the night he was betrayed took bread, gave thanks, broke it, saying: "This is my body which is for you. Do this in rememberance for me." He then took the cup; saying "This cup is the new covenant of my blood. "Do this, and as often as you drink it, it's in rememberance of me."

I know from personal experience that it is the Meal that Heals, after breaking tradition, partaking for **30** days straight, and receiving a healing in my body. Oh! The Blood.

FASTING AND PURIFICATION

We don't have to be slaves to our old ways of living. We can't keep abusing our temples (our bodies), the temple which is to house the Holy Spirit, by placing the wrong things into it. We must commit the Word of God to our hearts and minds daily to change our old way of thinking. We are to increase with physical activity to help keep all faculties and joints working properly for total well-being spirit, soul and body.

I believe the Apostle Paul knew the secret of living a healthy Christian life. He knew that if believers were to be living epistles of Christ Jesus, we must live by faith, be holy and adorn the doctrine of God. Any transformations would not come by adherence to the Law alone; it would also take the **grace** of God. Grace is God's unmerited favor and through faith it is the transforming power of our salvation.

In our quest to change to conform to the image and likeness of Jesus, there is a need for us to make some alterations to old habits and practices that preclude our earthly vessels from operating in the manner in which God intended it.

I want you each to notice carefully that it is not the Law that is active today. Paul makes it very clear that the Law, although holy and good, is powerless to change us. It couldn't do it, but it is God who left us the

Holy Spirit not only to change our sinful natures but also to give us a renewing of the mind.

Believers in this age of grace are not under the Law **(Romans 6:14).** We as believers must learn the truth. That Christ is the end of the Law. And that Jesus came to give us life and to give it to us more abundantly. And we as believers MUST learn to transform our minds and take responsibility for the bodies that have been given to us.

The Word of God tells us that we are fearfully and wonderfully made and to whom much is given much is required, and that in Him (Jesus) we live, move, and have our very being. That in itself means He expects us to take care of it.

My prayer is that the information in this book will be to you like a good piece of meat. So I say to you chew up what you need for nourishment and spit out the bones.

Let us turn our attention to an area that most people may find taboo or may not have the desire to do or endure.

Listen up

John 6:56 - He who eats my flesh and drinks my blood, abides in me, and I in Him.

The word of God tells us there are three things a Christian is required to do. They are **Fast, Pray and, Give**.

We will deal with the first of the three. There may be many who may find it difficult to fast, and some who don't realize the significance of fasting. I believe fasting is a way of cleaning out the cob- webs not only physically, but spiritually as it prepares you to become more sensitive to the move of the Spirit. It's a way of communicating with our Heavenly Father that provides a clear channel for dialogue. Breakthroughs are realized and this intimacy between you and God further enhances your personal relationship with Him. Here are some clearer reasons for fasting.

1. **Detoxification of the Body**
   Many things are stored in our body, especially in the fat cells, such as chemicals, and drugs that need to be removed.

2. **Spiritual Strength and Growth**
   People who fast on a regular basis experience personal and spiritual revelation, while drawing closer to God and receiving clearer directions.

3. **Healing of Illnesses**
   Many diseases have been successfully controlled by fasting; epilepsy, diabetes, asthma, schizophrenia, and obesity just to name a few. I personally have experienced this with Epilepsy.

4. **Self Control**
   We have been given authority over our temples. Many people enjoy feeling the empowerment over their bodies (temple) that fasting brings about. During a fast your self control is heightened.

5. **Loss of Weight**
   Most fast will cause weight loss as well as minister to the spirit, even though the person may only have had the weight loss aspect on their mind.

You may never have fasted before, and perhaps have no idea what to expect during the fast. The hardest portion of your fast is the first couple of days. You will probably loose an average of one to two pounds daily. You might experience a headache, and hunger pangs, which are short-lived. You may experience a nasty taste in your mouth and have spikes of loss energy. This will soon pass as you adjust to the fast.

You will definitely have an increased spiritual awareness as you build upon your energy reserves. Some women may experience late or missed menstrual cycles. There have been women who have shared with me that they have experienced time frames of forgetfulness and not being able to think clearly on the first day of a fast. But by day three their spatial (things around them) awareness is keener and they are more in tune with their spirituality. Small amounts of sleep may be necessary.

The Bible speaks about fasting. There are three ways to fast. There is the ***partial fast*** where you might give up drinking or eating sweets and meats for a particular time frame as noted in the Book of Daniel.

Then there is the ***normal fast*** where you will reframe from eating for an extended period of time, hydrating your self with water only. Water is a great flushing or cleansing agent. And finally, there is the ***absolute fast*** where you do no partake of meat or drink. This type of fast should be done only under medical supervision.

As a guide here are some time frames for fasting:

- **Three (3)-Day Fast is a Deliverance Fast.**
  Three represents Divine Perfection through word, thought and deed.

- **Seven (7)-Day Fast is a Cleansing Fast.** Seven represents a time of rest.

- **Twenty one (21)-Day Fast is a Repentance Fast.** Twenty one signifies expectancy.

- **Forty (40)-Day Fast is a Revelation Fast.**
  Forty represents a time of testing and consecration. Moses, Joshua, Elijah and Jesus each fasted for forty days. The children of Israel wandered for forty years in the wilderness before they reached the promise land. It also takes the manifestation of 40 weeks to bring new life into this world. This is what took place as Noah and his family were on the Ark for 40 days and nights

before the Ark rested on dry ground and they were allowed to exit it and replenish the world.

Matthew 6 tells us to **"perfume your head (anoint with holy oil) and wash our face." "O taste and see that the Lord is good.** Try fasting for one day. That one day may turn in to two, and those two days may turn into three, and so on. You just might enjoy it! Extend your faith. Faith comes by hearing and hearing the word of the Lord.

The second area that Christians are to focus on is praying. **I Thessalonians 5:17** instructs us to pray without ceasing. There are different types of prayers that can be prayed:

- **Prayer of Praise:** The Praise prayer is a prayer adorning God for who He is. **I Chron. 29:10-13; Luke 1:46-55.**

- **Prayer of Confession**

- **Prayer of Petition:** The Petition prayer is making a personal request of God, **Genesis 24:12-24; Acts 1:24-26.**

- **Prayer of Confidence:** The Confidence prayer is affirming God's all sufficiency and the believer's security in His love such as in **Psalm 23 and Luke 2:29-32.**

- **Prayer of Commitment:** The Commitment prayer is a prayer expressing loyalty to God and His work that can be found in **I Kings 8:56-61 and Acts 4:24-30**

- **Prayer of Thanksgiving:** The prayer of Thanksgiving expresses gratitude to God for what He has done for us, **Psalm 105:1-7 and I Thess 5:16-18.**

- **Prayer of Intercession:** requests of God on behalf of **Phil. 1:9-11.**

The prayer of Intercession is making another, **Exodus 32:11-13; 31-32 and**

- **Prayer of Forgiveness:** The prayer of Forgiveness is most important for it is the prayer seeking mercy for personal sin or the sin of others, **Daniel 9:4-19 and Acts 7:60.**

- **Benediction Prayer:** The prayer of Benediction which is a request for God's blessings, **Numbers 6:24-26 and Jude 24**.

There are also times of prayer, which can be said privately in a quiet place with just you and God or spontaneously whiles you are working on your job, riding along in your car, during family time, in a group or team, and corporately. **Matt. 6:6 says "when you pray go into your inner room, and when you have shut the door, pray to your Father who is in secret, and your Father who sees in secret will repay you."**

The third area that Christians are to focus on is in our *giving*. In the Old Testament **giving** was expressed as **tithing,** and in the New Testament it is expressed as **giving.** The first sign of tithing was found in the book of Genesis where Abraham gave a tenth of all he had to the King of Salem, Melchizedek.

It is written in **Deut 14:22 "thou shall truly tithe all the increase of thy seed, that the field bringeth fourth year by year." "Thou shalt"** is a command. With all of our giving we are to have a willing heart. **1 Chron. 29:6-7, 9...** "the chief of the fathers' households, and the princes of the tribes of Israel, and the captains of thousands and of hundreds, with the rulers of the king's work, offered willingly... then the people rejoiced because they have offered so willingly, for they made their offering to the Lord with a whole heart, and King David also rejoiced greatly."

Giving should be a sign of rejoicing and thanksgiving. This should be our attitude, yet perhaps you might say, "I don't have enough to even live on, let alone tithe!" You will experience "lack" and you can expect a curse, for the Bible says it will come.

Nehemiah 10:35-37 tells us to **"bring the first fruits of our ground, and the first fruits of all year by year into the house of the Lord including our children, to bring to the house of our God, unto the priest that minister in the house of our God."**

Remember, he who sows sparingly shall reap sparingly, and he who sows bountifully shall reap bountifully-**2 Corinthians 9:6**; this is a law of God. It is also written in **Luke 6:38…"Give, and it shall be given unto you; good measure pressed down, and shaken together, and running over, shall men give into your bosom.**

The Bible tells us in **Deuteronomy 16:17 every man shall give as he is able, according to the blessing of the Lord, the Lord thy God which has given thee.** When it comes time to give an offering, not a tithe, for the tithe is a command, ask God what He wants you to give; He will put an amount into your mind. In **2 Kings 12:4**, we read, **"and all the money that cometh into any man's heart he is to bring it into the house of the Lord. The Lord will lay upon your heart what you are to give."**

So it is my heart's desire that you excel in the grace of giving! Jesus himself taught on giving. I can truly say if you attend to God's business He will supply all your needs according to His riches in Glory! If you are having distress in the body sow a seed of faith to your health and see won't Jehovah Rapha come to your rescue! As we begin to think about the human body and all its different parts and functions, it's hard for us to fathom how necessary it is that everything works in unison in order for the body to operate properly. Whenever a member of the body reacts or does something different than its original function, it gives us a sign that a problem has or is beginning to occur. If there isn't any harmony between each body part, the body loses power and strength.

The human body and the body of Christ aren't any different when it comes to disunity. The absence of harmony leads to diminished power and strength and could lead to total failure if the problem isn't fixed. That's why it so important to stay in tune with our spirit, our souls and our bodies. It is critical that we wake up from living a mundane life, doing things the same old way day in and day out. We must feed our mind and obtain wisdom through the Word, it's the cure.

We must be healed from the inside out, mind, body and soul. We need to establish a daily regime where we pray, nourish and hydrate the body through nutrition, and exercise as well as lubricate the joints with the proper herbs and vitamins that we might not ordinarily obtain from our natural diets. The word of God says, "there is a way that seemeth right unto man." So we need to gravitate to those things that are prescribed for us out of the Word and utilize common sense.

There are provisions that are placed at our disposal for us to take advantage of which are essential to our overall health and well being. ***They are what I call the healers in the land.*** The first is air. It is a known fact that we can only exist a few minutes without sufficient air. Breathing air is said to restore balance and function to both body and spirit. The second is water. We can only live a few days without it. The third is food. It is said that we can survive for a period of a month without food. The fourth is sleep. At the most we can exist for a period of one week without sleep. The fifth is exercise. We need it to keep our joints limber and lose. What you don't move you loose. The sixth is relationships. God said it was not good for man to be alone, and the seventh one is purpose.

We need a purpose to exist; a reason to get up in the morning and to look forward to something that is productive. Family, friends, co-workers, business acquaintances all give us purpose. But with all of that we were created for God's good pleasure and purpose.

LORD I WANT TO CHANGE

There are so many Christians today that don't like what they see in themselves. Many have a poor self-image or they have bad habits that they wish to change. Well, I have good news for you! You cannot bring about change in your own power but by and through the power of the Lord.

> **II Corinthians 3:18 tells us "But we all, with open face beholding as in a glass the glory of the Lord, are changed into the same image from glory to glory, even as by the Spirit of the Lord."**

Romans 12:2 says that if you will renew your mind, you can actually be "transformed." The word transformed is translated from the Greek word where we get the term "metamorphosis" changed, transformed, transfigured! Those are powerful words, exciting words, and they describe what will happen to you as you spend time beholding the Lord in out of the Word. As you spend time renewing your mind your outer being will be transformed much in the same manner as a caterpillar is changed into a beautiful butterfly.

Instead of conforming to the world, you'll begin to conform to the image of Christ with your reborn, recreated spirit which is clothed in righteousness and true holiness. As that right spirit permeates the inside a transformation will take place and will be illuminated on the outside. There is a reunification of a redeemed soul, a transformed mind and a renewed spirit that will be visible on the outside for all to see. Nicodemus a Jewish religious leader came to Jesus at night and found that in order for him to have righteousness he had to be born again.

Take time to get away from the world and what it tries to put on you and study God's Word. The Bible instructs us to study to **"show ourselves approved, that we might be a workman, knowing how to rightly divide the word of truth." II Timothy 2:15**

Meditate on God's Word and let the Word change you from the inside out. Be transformed (changed) by the renewing of your mind as it releases the beautiful butterfly that's living within you!

SMALL CHANGES

We all want to make changes in our lives and at times we set our goals too high and expect immediate results. If we think along these lines we are usually setting ourselves up for failure. It is my suggestion that you start out by making small changes in your habits. Try not to attempt to change too many things all at once. That's like juggling too many balls in midair; you're bound to drop one or all of them. The second key is to be consistent in your efforts.

When you start with dietary changes, it is my suggestion that if you didn't in the past, begin to eat as many raw vegetables as possible. Certain vegetables are more important than others for liver detoxification. Vegetables that should be eaten often are cabbage, broccoli, brusselsprouts, cauliflower, kale, turnips, mustard, and collard greens.

If you cook your vegetables it is best to steam them as opposed to boiling them. Steaming helps maintain the nutritional value of the vegetables and you don't boil all the vitamins and mineral in them away.

Eat fresh fruit and drink plenty of water with squeezed lemon or lime. Drink green or other herbal teas. Green tea is an antioxidant. It's been said to be two hundred times more powerful than vitamin E and five hundred times more power than vitamin C. Researchers say it activates and releases detoxification enzymes in the liver, helping to defend our bodies against cancer. For detoxification purposes, I recommend one cup of green tea two to three times a day. Or if you prefer you can take green tea capsules three times a day.

Eat more protein. You can find it in fatty fish such as Salmon, Halibut, Mackerel, and Herring. I also suggest eating turkey, chicken and extra lean beef, it's better for you.

But the most important thing you can do for yourself and your body is EXERCISE! EXERCISE! EXERCISE!

For those who did not know I'd like to share this **"golden nugget"** with you. Researchers have found that only 57 percent of women know that heart disease is the leading cause of death and most fail to make the connection between risk factors such as high blood pressure and high cholesterol. These factors are major contributors in putting women at risk of developing heart disease.

SHADOWING BENEFIT OF EXERCISE

According to a study I read conducted by the Cooper Institute in Dallas, Texas, unfit women have a 5.33 percent chance of greater premature death rate than those who were participants in a fitness program. I found that women of all shapes, ages and sizes who take advantage of the benefits of swimming, aerobics dancing, running, soccer, tennis, biking, walking and a new phenomenal in local gyms spinning live and enjoy life more freely. My Bible tells me and whom the Son sets free is free indeed.

We know that exercise is the least expensive, safest and easiest way to help fight off those risk factors leading to heart disease and other illnesses. It is known to aid in the slowing the aging process. It helps us to feel better physically and emotionally and definitely is a major contributor to weight loss.

Exercise can help to strengthen bones, ease symptoms in the premenstrual and menopausal periods of our life. It relieves stress and depression, boosts self-esteem, and aids in the development of muscle strength.

It is a known fact that women who exercised before the age of thirty five years have denser bones, and that their bone loss is minimal. If you are an older woman and you begin an exercise program now you can restore bone lost by weight training, walking and running.

I like to think of myself as a woman of eloquence, who is aging gracefully. I grew up in the city of Wilmington. I had no exceptional ability in the area of fitness and was relatively sickly throughout my young childhood through my teenage years. I started an exercise program after having my first and only child around the age of twenty-seven.

Several years ago I had an examination and a bone density test. I was amazed when the results showed that I had the bone integrity of a twenty six year old female. I am thankful to God for my continued exercise regiment that I have maintained for the last twenty seven years. I am happy to say what began as a hobby transpired to a second career.

At this point of my life, I am most interested in maintaining and maintaining my well-being. I sleep well. I am more alert and my cognitive skills are keener. My preference of exercise routines happens to be dance aerobics and walking outdoors during the Spring, Summer and early Fall, and walking the treadmill late Fall through the Winter. Exercise has been a viable source in helping me to become more productive while feeling and looking better.

JOIN IN AS ONE: THE MIND, BODY AND SPIRIT

Your decision to fight the battle of weight loss should be your choice not to just look good, but to feel good. If you desire a permanent change, the fight must be fought by you with God's help. If we use the Bible – the Word – to help us spiritually, we stand a better chance of sustaining our efforts. Physically exercising the temple and creating a balance of the mind, body and spirit, should be our goal. **James 2:26** lets us know "For as the body without the spirit is dead, so faith without works is dead also."

Many Americans experience a greater struggle in the battle of the bulge due to genetics, culture, economics, or the lack of education. **Hosea 4:6 - "My people are destroyed for lack of knowledge."** Many of us decide to shed extra pounds for the wrong reasons. Instead of making a change so that we can extend, improve or enrich our lives, we decide to make healthier choices for cosmetic reasons alone.

The Bible states in **Romans 12:2** that we are… "transformed by the renewing of our minds." When we allow our bodies to deteriorate into what we know is unhealthy and unfit, we limit our ability to serve the Lord.

The "Fitness and Witness Program" will assist you in making a conscious, motivated choice to transform your body into the healthy temple that God intended for each of us.

Prov 19:8 (NIV) states. "He who gets wisdom loves his soul; He who cherishes understanding prospers."

In other words, if we:

- **Begin meditation and prayer with the Word to give us spiritual empowerment**

- **Make yourselves knowledgeable about the foods you eat and make intelligent food choices**

- **Engage in appropriate physical activity for your age and lifestyle under expert, spiritual and medical instruction, and you will achieve success!**

You have:
One Body - Respect it!
One Mind - Feed it well!
One Spirit - Commit it to the Lord!
One Life - Live and Enjoy!

Take a fresh look at your habits, and do something about them. Start to think of your temple as if it were a bank or reservoir. You know how you make a deposit into a savings or checking account? Then make a deposit into your health physically and spiritually in order to receive a substantial abundant withdrawal. **Galatians 6:7 says, "Whatsoever a man soweth that shall he also reap."**

Turn your life over to God and He will give you power to succeed over any habit that is plaguing you. Develop a habit of giving God the first portion of your day. Do nothing until you first have what I call a little talk with Jesus.

> **"In all your ways acknowledge Him, and He shall direct your path (Proverbs 3:6)."**

Set a specific prayer time. Keep an appointment with God just as you would an appointment at the beauty salon or barbershop. Even, if it is while walking on your treadmill. Make this a time of exercise and communication. This way you can develop and strengthen the body while feeding the spirit.

Stop the incorrect lip service known as excuses - "I can't do it; that's too strenuous; I've got to eat some junk sometimes." That may be true, but so what! We all may eat a little junk occasionally, or fall off the horse sometimes... get up climb back on and ride!

There is and never has been a quick fix to losing weight. Step into the gym of wisdom to **desire, discern and be determined. Pray, read the Word, eat nutritious meals, drink water, exercise daily, take a nutritional supplement, and get rest.** You will then see **"The light of the eyes rejoice the heart, and a good report make the bones healthy (Proverbs 15:30)."**

The Bible tells us that Jesus is the One who came to heal. **"Then Jesus said, "Come to me, all of you who are weary and carry heavy burdens, and I will give you rest" Matthew 11:28.** So by no means is this book and it's writing claiming to have all the answers, but it is intended to help persons with God's inspiration to help renew, revive and restore their lives. God is the source of life, of all that is good and true. Those who refuse to acknowledge Jesus will never come to a place of spiritual wholeness and healing. So be whole in mind, body and spirit.

The word tells us "**My people perish for a lack of knowledge and not because of the knowledge but because they reject it.**" Hosea 4:6-7, and that "**For this people's heart has become calloused; they hardly hear with their ears, and they have closed their eyes. Otherwise they might see with their eyes, hear with their ears, understand with their hearts and turn, and I would heal them**" Matthew 13:15.

Let us Wake-Up through Wisdom and the Word, as We Clean Up Our Act.

JUICING MAY LEAD TO A HEALTHIER YOU

According to the Godfather of Fitness Mr. Jack LaLanne, getting into the habit of juicing is one of the best things one can do for their body. Mr. LaLanne says that nutritious fresh foods are the key to longevity and vitality. Mr. LaLanne you may remember is credited with bringing the fitness movement to television. He probably was the host of the first daily exercise program, and he juiced daily until his passing. To quote him, "putting the right fuel into your body works, and if you eat raw fruits and vegetables that are juiced for 30 seconds it will help your body look and feel great."

One morning in my meditation devotional time shortly after reading that article on Mr. LaLanne I came across the scripture **Ezekiel 47: 12** "And on the banks of the river on both sides, there shall grow all kinds of trees for food; their leaf shall not fade nor shall their fruit fail to meet the demand. Each tree shall bring forth new fruit every month, because their waters came from out of the sanctuary. And their fruit shall be for food and their leaves for healing."

I then went to the front of the book and began to read that in **Genesis 1:29** God provided every herb bearing seed yielding it to be food, and that He planted a tree in the middle of a garden that had all these different kinds of fruits. In further study it was discovered 144 different kinds of fruits. If you take the number 12 and multiply it by 12 you get 144. The number 12 is representation of God's Divine power, authority and government.

To understand the tree of life it's good for us to start at the beginning. **Genesis 2:8-9** tells us the Lord God planted a garden Eastward in Eden and there he put a man, he had formed and he placed the tree of life in the midst of the garden. In **Gen. 2:22** he then goes on to create woman.

As you read Revelation chapter twenty two, you will find that this last chapter, reads as the first (**Genesis**). The first three chapters relay how God creates a paradise and how it was lost because of sin and how man was restricted from partaking of the tree of life. It also tells us how sin was destroyed, paradise is restored and man once again has access to the tree of life and to the garden again.

John 10:10 tells us why God gives us health rules; **He says, "I am come that they might have life, and that they might have it more abundantly."** Matt. 4:23 tells us that Jesus went about all Galilee teaching in the synagogue and preaching the gospel of the kingdom, and healing all kinds of sickness and disease. Jesus was very interested in the health of the people. God meant for that wholeness to apply to our eating and drinking habits, for **I Corinthians** tells us **"Whether therefore, ye eat, or drink, or whatsoever ye do, <u>do all to the glory of God."</u>**

Several years ago, I took Mr. LaLanne up on his juicing plan and found that it was great for making my body feel invigorating and more alive.

Now let me go on record as saying I am not in total agreement that we are to displace solid foods for the juicing process, but it makes an excellent supplement and enhances your eating habit. Here are some juicing recipes from my personal regiment including a blender juice, where I include a banana that does not produce juice, but sure gets my morning off to a great start: **6 carrots and 2 apples, 3 oranges and 1 grapefruit (peeled), for an evening regulator 2 apples and 1 pear. For a morning tonic: 1 apple, 1 grapefruit (without peel), or for a digestive cocktail ¼ lemon (w/peel) ½ grapefruit (no peel) and 2 oranges (no peel). For your own V-8, try a handful of parsley, 3 carrots, 2 stalks of celery, ½ of beet, 1 apple and 2 garlic cloves. In the blender use 1 banana, 1 cup of orange juice and 1 cup of strawberries with a cup of ice.** Juicing has proven to be great for the digestive system and helps tremendously with the elimination of the bodily process. Enjoy!

FEAST AND FESTIVAL

Ezekiel 3 tells us **"sons and daughters we are to eat what we find in the book and it will fill our stomach and it would be sweet as honey in our mouths,"** and that led me to look deeper beyond feasting not only in the natural which we know is required to sustain our physical bodies. We are to feast in the Spirit on the things of God, they are much healthier. As we do this, it revitalizes our cells with effervescent life so they function in wondrous ways to reflect our wellness.

I found there is more in the Bible regarding feasts and festivals than fasts or funerals, and that God desired His redeemed people to be joyful, content, and satisfied in Mind, Body and Spirit. The Lord informs us of Seven Feasts:

1. Feast of Passover
2. Feast of Unleavened Bread
3. Feast of First fruit
4. Feast of Pentecost
5. Feast of Trumpets
6. Feast of Atonement
7. Feast of Tabernacles

The Feast of Passover is spoken of in **(Num. 23:4-5)**. The sprinkling of the blood of the lamb was a remembrance of the sign by which the Hebrews were separated from the Egyptians. The feast was on the fourteenth day of the first month known as Abib or Nissan – the first month of the Jewish sacred year, equivalent to our April. It was in connection with this feast that the Lord instituted the Last Supper, which foreshadowed Him as our Passover. The second is the Feast of Unleavened Bread **(Num. 23:6-8)**. This feast typifies full unbroken communion with Christ, who is the perfect unleavened wave-loaf, for in Him was no sin – the fullness of the blessing of our Redemption is in Him.

The Feast of Firstfruits is termed by John as the feast of the Jews because of their moral rejection of the Messiah **(John 1:10-11)**. Firstfruits represent "Resurrection." Paul speaks of his risen Lord as "Christ the Firstfruits" in **(I Cor 15:23)**, and of the saints to be raised at His coming as His Firstfruits. When Jesus rose from the dead, He became "the First fruits of them that slept," a sheaf-token of a still greater harvest of resurrected souls.

The fourth feast is that of the Feast of Pentecost also known as the Feast of Weeks and in Greek means fifty. It is observed fifty days after the offering of the firstling sheaf. This was a Feast that occurred during the time which Jews residing out of Palestine generally choose to visit Jerusalem.

The Feast of Trumpets was used to summon people publicly to hear an important announcement, or to rally fighters to war. On the first Sabbath of the seventh month, the trumpets proclaimed a holy convocation, and on that day no work was done and the people had to offer an offering by fire to the Lord **(Num. 29:1)**. **Joel 2-3:21** speaks of trumpets in connection to the regathering and repentance of Israel after the church, or Pentecost period is ended.

The Feast of the Day of Atonement **(23:26-32)** which is the tenth day of the seventh month was appointed as a day of public fasting on which the nation were to afflict their souls on behalf of their sins **(Lev. 16:29; 23:27; Num. 29:7)**. The word Atonement means "to make propitiation by expiation." It implies the satisfaction of God's holy wrath against sin by suffering to the utmost penalty. This is what Jesus accomplished on our behalf at Calvary.

And finally the Feast of Tabernacles **(23:34-44)**, perhaps the most joyful, was from the fifteenth to the twenty-second day of the seventh month in October. It's connected with the wanderings of the Israelites in the wilderness and is commemorated by them living in tents and booths during these days. It is know in **Exodus 23:16** as the Feast of Ingathering. It was the festival at the end of the harvest of fruit, oil and wine. For Israel it held a prophecy of the future, for as an observance the people exalted with gladness the kingdom of the glory yet to come to them on earth.

HEALING SCRIPTURES FOR YOUR WHOLENESS

Fight disease and des-ease daily by declaring aloud the living word. The Word will be your spiritual foundation and the pathway to your healing and bring inner wholeness. **Prov. 18:14** says it is the spirit of man that will sustain him in his infirmity and disease.

1. I shall not die but live, and shall declare the works and recount the illustrious acts of the Lord. **Ps. 118:17**

2. For I will restore health to you, and I will heal your wounds, says the Lord, because they have called you an outcast, saying, this is Zion, whom no one seeks after and for whom no one cares. **Jer. 30:17**

3. He personally bore our sins in His own body on the tree as on an altar and offered Himself on it, that we might die (cease to exist) to sin and live to righteousness. By His wounds you have been healed you have been healed. **I Peter 2:24**

4. And they have overcome (conquered) him by means of the blood of the Lamb) and by the utterance of their testimony, for they did not love and cling to life even when faced with death (holding their lives cheap till they had to die for their witnessing). **Rev. 12:11**

5. Beloved, I pray that you may prosper in every way and (that your body) may be keep well and prosper. **3 John 2**

6. And this is the confidence (the assurance, the privilege of boldness) which we have in Him: (we are sure) that if we ask anything (make any request) according to His will (in agreement with His own plan), He listens to and hears us. And if (since) we (positively) know that He listens to us in whatever we ask, we also know (with settled and absolute knowledge) that we have (granted us as our present possessions) the requests made of Him. **I John 5:14-15**

7. Surely He has borne our grief (sicknesses, weaknesses, and distresses) and carried our sorrows and pains (of punishment), yet we (ignorantly) considered Him stricken, smitten and afflicted by God (as if with leprosy). **Isaiah 53:4-5**

8. I call heaven and earth to witness this day against you that I have set before you life and death, the blessings and the curses; therefore choose life, that you and your descendants may live and may love the Lord your God, obey His voice, and cling to Him. For He is your life and the length of your days; that you may dwell in the land which the Lord swore to give to your fathers, to Abraham, Isaac, and Jacob. **Deut. 30:19-20**

9. You shall serve the Lord your God; He shall bless your bread and water, and I will take sickness from your midst. **Exodus 23:25**

10. If you will diligently hearken to the voice of the Lord your God and will do what is right in His sight, and will listen and obey His commandments and keep all His statutes, I will put none of the diseases upon you which I brought upon the Egyptians, for I am the Lord who heals you. **Exodus 15:26**

11. Bless (affectionately, gratefully praise) the Lord, O my soul, and all that is (deepest) within me, bless His holy name! Bless (affectionately, gratefully praise) the Lord, O my soul, and forget not (one of) all His benefits – who forgives (every one of) all your iniquities, who redeems your life from the pit and corruption, who beautifies, dignifies, and crowns you with loving-kindness and tender mercy; who satisfies your mouth (your necessity and desire at your personal age and situation) with good so that your youth, is renewed like and eagle (strong, overcoming, and soaring). **Psalm 103:1-5**

12. Fear not (there is nothing to fear), for I am with you; do not look around you in terror and be dismayed, for I am your God. I will strengthen and harden you to difficulties, yes, I will help you; yes, I will hold you up and retain you with my (victorious) right hand of rightness and justice. **Isaiah 41:10**

13. My son, attend to my words, consent and submit to my sayings. Let them not depart from your sight; keep them in the center of your heart. For they are life to those who find them, healing and health to all their flesh. Keep and guard your heart with all vigilance and above all that you guard, for out of it flows the springs of life. Put away from you false and dishonest speech, and willful and contrary talk put far from you. **Prov. 4:20-24**

14. Beat your plowshares into swords, and your pruning hooks into spears; let the weak say, I am strong (a warrior). **Joel 3:10**

15. And Jesus, replying, said to them have faith in God (constantly). Truly I tell you, whoever says to this mountain, be lifted up and thrown into the sea and does not doubt at all in his heart but believes that what he says will take pace, it will be done for him. For this reason I am telling you, whatever you ask for in prayer, believe (trust and be confident) that it is granted to you, and you will (get it). **Mark 11:22-24** Know therefore the word tells us that the promise is the outcome of faith and depends (entirely) on faith, in order that it might be given as an act of grace (unmerited favor), to make it stable and valid and guaranteed to all his descendants not only to the devotees and adherents of the law, but also to those who share the faith as Abraham who was the father of us all. Keep in mind that God heals naturally and supernaturally whether it is through food, chemical medicine, Herbs or His Word, but He loves for us to exercise our faith. For faith without works is dead.

LIFE AND DEATH IS IN THE POWER IF THE TONGUE

The word of God tells us to choose life, and because Jesus came to give us life and give it to us more abundantly we are to speak life into our body, families, friends, co-workers and all those we encounter in this pathway of life. There are many who may never read the Bible but will look at our life and see that there is a shining light. **Matt. 5:16** informs us to **"Let our light shine before men that they might see our moral, excellence, praiseworthy, noble and good deeds recognizing honor, and that we glorify our Father who is heaven."**

I know that we are not to add or take away from the Bible, but I believe we are to be that 67th Book of the Bible. When you are experiencing a storm, trial or tribulation others are watching to see if we are confessing what we speak. I believe that as God made and formed mankind in His image and likeness, that He blew into the nostril of Adam the spirit of life, and He shaped the form of Eve from Adam's rib. God not only blew in His breath into Adam's nostrils, but at that moment righteousness in body (rib) was implanted, and He gave us His first gift; the gift of His *love walk*.

So from the very beginning we were circumcised in the heart that out of it should flow the issues of life. His breath went throughout down into the belly where rivers of living water was to flow. As God was blessing us He said to be fruitful, multiply and fill the earth. The Amplified Bible puts it this way: To fill the earth, to subdue it, to use all its resources in the service of God and man.

The first task He gave man was to tend, guard and keep what He had given him, that being our totality of mind, body and soul. So keeping that in mind if you are experiencing a weakness in you body began to self appreciate. It is the first sign of a healthy mind and began to impart in your spirit "**by His stripes I am healed and that He was wounded for my transgression, bruised for my iniquities, the chastisement of His peace and well-being was upon Him and you are made whole.**" **Isaiah 53:5**

Whisper a prayer each morning of Thanksgiving: **Thank you Father that I am whole, sound and I present this body to be a living sacrifice, holy and acceptable to you. Thank you for allowing me strength this day. Father you said daily you would increase my benefits. Thank you for endurance and flexibility.** Speak the presence of life, for life and death is in the power of the tongue.

Now I know you will agree with me after reading this book that the God of the Universe is an awesome God. Make it a choice to call on the one who is Omnipresent; the One, who is everywhere at the same time and in all things; the God who is Jehovah Shammah, the all-sufficient one. As you can see, He is the God who can send a word of therapy into every issue, tissue of the body, fitness challenge, life situations, health problems and heal thee.

Ephesians 4:24 says to "Clothe yourselves with the new self, created according to the likeness of God in true righteousness and holiness. "Put on the whole amour of God, and activate the power from within you.

The Apostle Paul informs us to put on the belt and to equip ourselves with truth, the written word of God, our spiritual arsenal, the breastplate of righteousness. Our feet are to be shod with the (shoes) gospel of peace. We are to outfit ourselves with the shield of faith so that we shall be able to quench all the fiery darts. The helmet of salvation is for the protection of mental assaults, and the sword of the spirit, is for the quickening of combat. **Ephesians 6:11-16**

Feed your memory bank healthy manna from heaven. By the way that memory bank your (brain) weighs only three pounds. So that is certainly not where you would want to lose weight. Feeding it and your body will receive new energy, and be restored with not only a new mental capacity, but also a physical rejuvenation, as you adopt a lifestyle change that is sure to promote overall health. This empowerment has surely awakened your knowledge tank.

I believe you've acquired more wisdom, revelation, and most certainly shared a new richness found in the word. This decision to Clean-Up Your Act, I pray, has enhanced your spiritual bank and lead to a clearer pathway of total well-being. It is my prayer that God has given you all the power and strength of the living Christ. For **"greater is He that is within you then he that is in the world."**

Knowing this truth and claiming it, I hope will help to draw you nearer to Him. I hope in some small way that I have empowered your mind, and have help to jump start and stimulate your body as God has fed your spirit. The Bible tells us that we are fed, nourished and are strengthened. So www. Wake Up, Wisdom and seek the Word. **Proverbs 3:8 says it all "It shall be health to your nerves, sinews, marrow and moistening to your bones."**

MESSAGE FROM THE AUTHOR

Corteze B. Rawley is and Ordained Minister with a Doctor of Theology degree. She is a Wife, Mother, Grandmother, Intercessory Prayer Warrior, Certified Fitness Facilitator/Lifestyle Consultant, and Chaplain who loves to spread the word through Evangelism.

Dr. Rawley believes that this God-inspired book holds infinite wisdom and revelation. She says the Lord definitely inspired her to pen this writing for your application, edification, and transformation.

All Scriptures have been taken from the mini library references of the Amplified, Living, Ryrie, Life Application, King James, Living and New International Versions of the Bible which contains 66 Books, 39 chapters in the Old Testament and 27 chapters in the New Testament. Within their pages the O.T. contains five books of Law, twelve books of History, five Poetical books, five Major Prophets, and twelve Minor Prophets.

Found in the N. T. are four books of Gospel, one book of History, one book of Prophecy, fourteen Pauline Epistles, and seven General Epistles. There are one thousand one hundred and eighty-nine Chapters, thirty-one thousand two hundred, fourteen verses. In the make up of this Book: the Bible, there are over 800,000 words.

Dr. Rawley says **God's Web Mail** helps to nourish the body, soothe the soul, contains the mind of God, and meets the state of man physically, emotionally, psychologically and most assuredly spiritually. This book teaches that we were formed, that we are to be informed, and she prays you have been transformed.

She thanks God for allowing her to write this book and for transcribing the words from English to Spanish. She says this book could not have come to fruition without the capable and knowledgeable editing assistance of Dr. Kim Sherene Nyala and Spanish Translation editing skills of Gladys Coto and Carmela Lombardo. Picturesque Cover Graphics by Joyce Hill and Spiritual Support of Sarah Harrison and Lesbia Francis.

Finally she expresses two overall prayers:

(1). Being like the ten lepers who were healed in the Bible, and one came back to Jesus to say thank you. As that one exhibited his faith, and was made whole. So shall all who reads this book be made whole. and

(2.) That this book become universal in its appeal, seen as reasonable in its teaching, reliable in its promise, far reaching for God's vision, and simple in its application.

Proverbs 3:8 "It shall be health to your nerves, sinews, marrow and moistening to your bones." Peace and Grace.

Dr. Corteze Rawley and family reside in Bear, Delaware. She may be reached for Healthy/Lifestyle Seminars known as Sermons In Motion, Conferences for Churches and Organizations (302) 559- 9615, and through www.stepwithteze.com

BIBLIOGRAPHY

All the Books of the Bible, Zondervan Publishing House, Grand Rapids, Michigan

Body and Soul, Linda Villarosa, HarperCollins Publishers, Inc., New York, New York

Cherry, Reginald, M.D., The Doctor and the Word, Creation House, Orlando, FL 2003

Darby H. N., Synopsis of the Books of the Bible, Loizeaux, Neptune, New Jersey, n.d.

Grant, Frederick, Numerical Bible, Vol. III, Loizeaux, Neptune, New Jersey 1944-1053

Maccaro, Janet, Ph.D., Natural Health Remedies, Siloam Publisher 2003

Walker, Norman W., Fresh Vegetable and Fruit Juices, Prescott, AZ, Norwalk Press, 1970

Wagner, James K., And Adventure In Healing & Wholeness, Upper Room Books, 1993, Nashville, Tennessee

White, W.W., Old Testament Studies, International Committee of Y.M.C.A., N.Y. 1902

Scripture Quotations Marked DAKE

Scripture Quotations Marked AMP

Scripture Quotations Marked KJV Scripture Quotations Marked Living Scripture Quotations Marked Life Application

Scripture Quotations Marked New International Revised Standard Scripture Quotations Marked Ryrie

Scripture Quotations/Translations Santa Biblia, Antiguo Nuevo Testamento, Reina-Valera 1960 Publishers Broadman Holman, Nashville, TN

LLMPIA TU ACTO-PENSAMIENTO, CUERPO & ESPIRITU

Rev. Dr. Corteze B. Rawley, Th.D
Autora

Derechos de Autor © 2025 Rev. Dr. Corteze B. Rawley, Th.D.

Todos los derechos reservados. Ninguna parte de este libro puede ser reproducida, almacenada o transmitida por ningún medio—ya sea auditivo, gráfico, mecánico o electrónico—sin el permiso por escrito tanto del editor como del autor, excepto en el caso de breves extractos utilizados en artículos críticos y reseñas. La reproducción no autorizada de cualquier parte de esta obra es ilegal y está penada por la ley.

ISBN: 979-8-89419-578-0 (sc)
ISBN: 979-8-89419-579-7 (hc)
ISBN: 979-8-89419-580-3 (e)

Numero de la Libreria del Congreso: 2010918768

Debido a la naturaleza dinámica de Internet, las direcciones web o enlaces contenidos en este libro pueden haber cambiado desde su publicación y ya no ser válidos. Las opiniones expresadas en esta obra son exclusivamente del autor y no reflejan necesariamente las opiniones del editor, quien por este medio declina toda responsabilidad al respecto.

One Galleria Blvd., Suite 1900, Metairie, LA 70001
(504) 702-6708

Dedicación:
Thomas J. Rawley

*Es con refrescante hidratación que dedico el
Correo Web de Dios a quien inspiró, animó y equipó
a quien compartí en una Temporada de Jubileo de 50 años.
Mi Booz, mi TR, mi Esposo que hace la transición de la
Tierra a la Eternidad el 11 de septiembre de 2024.*

PREÁMBULO

Raramente uno es testigo de la " no manchada, pura verdad " acerca de lo que nos hace saludables y nos mantiene en condición divina, como está presentada por Reverenda Dr. Corteze B. Rawley. Ella no escatimó ninguna escritura, no simplificó ni se desvió de la palabra de Dios. Este trabajo es basado en la Biblia y cientificamente válido.

Desafortunadamente, nosotros realmente no prestamos suficiente atención a cuidar de nuestro cuerpo hasta que no estamos verdaderamente enfermos. ¿No sería mejor que nos preparáramos para guerra en tiempo de paz? Lo mismo es cierto con nuestros cuerpos. Las escrituras nos enseñan que debemos prosperar y estar en buena salud, aún cuando nuestras almas prosperan. Sinembargo, prestamos más atención a la "prosperidad" que a estar saludables. Vivir saludablemente requiere promoción de la salud y la prevención de enfermedades. Dr. Rawley les ha dado a ustedes una lista maravillosa de alimentos que ayudan a la prosperidad del cuerpo y a estar saludable. Sus explicaciones acerca de las similaridades entre las partes del cuerpo y los alimentos que comemos son bien ilustrativas y dignas de atención.

La mayoría del material presentado en este libro es de sentido común, pero hay tiempos cuando muchos de nosotros no ejercitamos sentido común, y como tal, estas escrituras proveen solo el empujón que necesitamos para ponernos en camino. Los Estudiantes Bíblicos estarán entusiasmados con este libro, los Científicos intrigados, los Ministros del Evangelio y Laicos/Líderes/Filigreses fortalecidos. Como una persona que ha estado los últimos 13 años investigando y escribiendo en la unión de la fe y la ciencia, yo le doy la bienvenida a este libro y a el impacto que puede tener en nuestras vidas. Yo encuentro en este libro una conección parecida a mis previos libros en el área de fe y ciencia: *"Espiritualidad y Medicina: ¿Pueden Ambos Caminar Juntos"? y "Traduciendo Espritualidad en las Profesiones de la Medicina".*

Yo considero el libro de Dr. Rawley uno que se deba leer y estoy segura que cuando ustedes lo compren y lo lean, van a decirle a otros de los beneficios que contiene!

Glenda F. Hodges, PhD, JD, MDiv.
Director, Community Community Relations and
Hospital Support Services.

RECONOCIMENTOS

Le estoy sumamente agradecida a muchas personas especiales. Pero no hay honor más grande en esta tierra que el mensaje que Dios desde el Paraíso puso en el corazón de esta, su sierva. Le doy gracias y alabo a Dios por usar familiares, amistades, familia de la iglesia, compañeros y profesores del Colegio Bíblico " Jameson", International Christian University así como vecinos, los cuales me brindaron palabras divinas y me alertaron para producir esta obra escrita.

INTRODUCCION

Jesús dijo: "Yo soy la luz del mundo"…. y he venido para que tú puedas tener vida y que la tengas más abundantemente" **(Juan 10:10)**. El (Jesús) también dijo que "Yo te he dado **todas las cosas** que pertenecen a la vida y a la santidad." **(2 Pedro 1:3)**

Pregúntense a ustedes mismos…¿han tomado ventaja de todas las cosas que Jesús nos ha dado para esta vida? ¿Están viviendo una vida abundante, o están en la ruína, fijados en neutral, sin movimiento hacia adelante o hacia atrás, llendo a ningun sitio ligeramente? Si ustedes son personas cuyas vidas parecen estancadas, quizás sea tiempo de que tomen control y hagan algunos cambios dramáticos. De acuerdo a algunos investigadores, la edad de cincuenta (50) es la nueva edad de treinta (30) y la edad de setenta (70) es la nueva edad de cincuenta (50). Esto sugiere que las personas están viviendo más tiempo, y que la calidad de vida ha cambiado dramáticamente para nuestro bien. Si esto es verdad, entonces la pregunta que nos tenemos que hacer es: ¿ porqué tanta gente está muriendo prematuramente, porqué hay tanta gente enferma? ¿Podría ser que están dejándose vencer por enfermedades contagiosas y mentales debido a sus estilos de vida que no son saludables o llenos de tensión? ¿Será porqué las personas no se cuidan apropiadamente, no hacen ejercicios, o mantienen una nutrición saludable? ¿O es que ven el estado actual de condiciones con sentido de desesperanza?

La Palabra de Dios nos dice en **Josea 4:6**…"mi gente muere por falta de conocimento… porque lo rechazan." ¿No están las personas informadas, o están simplemente mal informadas? ¿Rechazan el consejo divino, consejo médico, la sabiduría de las edades, o el "sentido común materno"? ¿Están demasiado ocupados concentrándose en su exterior, adornando la parte exterior humana porque es más fácil, y están fallando de nutrir y cuidar su interior?

Estamos acosados por comerciales por televisión y radio, anuncios en carteles, periódicos y revistas, así como por el Internet, que promueve todo, desde ayudas de belleza y salud hasta pastillas para curar cualquier cosa que te haga sentir mal. Con todos estos recursos a nuestra disposición, ¿porqué las personas no están dispuestas a tomar una posición proactiva para aliviar o disminuir la tensión en sus vidas, y porqué no están dispuestos a hacer un cambio positivo en sus hábitos de nutrición, y prestar atención a la inactividad de sus cuerpos (sus templos)? ¿Podría ser que hay tanta información que se les hace imposible examinarla toda y conseguir lo que necesitan? No estoy segura de cuál sea la respuesta. Quizás no sepan a quien recurrir. Por favor entiendan que todo no está perdido.

Yo he venido como una extensión del corazón y la mano de Dios para ofrecer una información simple y básica para ayudar aquellos que pueden estar desidratados espiritualmente; para asistirles en que se enfoquen más claramente en el cuidado de todo su cuerpo, y para recordarles que tienen un solo cuerpo y una sola vida – manténgalalos en armonía y funcionando, mientras viven su vida hasta el máximo, levantándose todos los días con sabiduría y la Palabra.

Dios no nos creó solo para que tengamos una experiencia humana, sino para ejecutar una relación y una experiencia espiritual con El y otros. Podemos hacer esto en manera efectiva sólo si estamos funcionando en buena salud. No puede haber integridad total si todos los tres aspectos de nuestra existencia (espíritu, alma y cuerpo) no están funcionando en colaboración para alcanzar un balance.

Tenemos que recordar que Dios mismo dijo: **"Amado, yo deseo que tu seas prosperado en todas las cosas, y que tengas salud, así como prospera tu alma (3 Juan 1:2)** Estas escrituras por sí mismas ofrecen motivación desde el mismo trono del Paraíso. Dios también ha proveído ayuda para nosotros aquí en la tierra. Hay proveedores de cuidado médico tales como doctores, enfermeras, hospitales para ayudarnos cuando estamos enfermos; dietistas, nutricionistas, gimnasios, balnearios, centros de rehabilitación, etc., para asistirnos cuando queremos estar en buena condición física; y hay una serie the ministerios de pastores, maestros, apóstoles, profetas, y evangelistas para asistir a la gente de Dios a cuidar de sus cuerpos, mentes y espíritus.

Por lo tanto, si se han desviado del camino o si se han salido de la pista, aquí tienen una oportunidad para hacer un cambio hoy. Todo lo que necesitan está aquí.

En combinación con la Palabra de Dios y todas las provisiones que Dios nos ha proveído para sus triunfos, yo les ofrezco esta información para ayudarles a limpiar su acto.

<u>Correo Web de Dios</u> es el título de mi nuevo libro que no solo les ayudará a re-animar y realzar su vida, su espíritu, sino que alimentará su mente y rejuvenecerá su cuerpo para prepararle a estar listo de alma y cuerpo para el uso del Maestro.

Provee una variedad de información que les ayudará a identificar y selecionar alimentos nutritivos, haciendo cambios de vida y decisiones para la renovación, sanación y limpieza de su cuerpo, mientras integran la Palabra de Dios como una ayuda para lograr sus metas específicas.

Es mi plegaria para cada uno de ustedes que estén leyendo este libro que puedan extraer de estas páginas información valiosa que les ayudará en su búsqueda personal para desarollar un estilo de vida más saludable; que obtengan sabiduría y conocimiento de la Palabra de Dios y que sus espíritus se alimenten y se renueven mientras se convierten en un conjunto nuevo, sin igual y completo en Jesucristo.

RECUERDEN...Ustedes pueden hacer todas las cosas a través de Cristo quien les dá fuerzas.

¡AQUI SE LES DICE COMO!
¡ALIMENTO PARA SU PENSAMIENTO!

ALIMENTOS QUE AYUDAN NUESTRAS PARTES DEL CUERPO

Jireh, Nuestro Señor Dios, nuestro proveedor y suplidor, no solamente creó alimentos, los cuales nos sostienen y regulan cada parte de nuestro cuerpo, El también nos dio Escrituras para alimentar nuestros pensamientos y almas. Desde la incepción del primer verso que se encuentra en La Sagrada Biblia (**Gen 1:1**) una simple oración de diez palabras es inscrita y lee así…"**En el principio Dios creó los cielos y la Tierra.**" El número *"diez"es el número de la sabiduría, y en Su infinita sabiduría* Dios puso toda la creación en movimiento, no accidentalmente, pero de una manera ordenada. La creación más grande de Dios fue el Hombre (la humanidad). Sin embargo, el Hombre no fue creado hasta el sexto día. Todo lo que fue creado de antemano fue para sostener la existencia del hombre en la tierra.

En el primer día la luz cósmica, la separación de día y noche, fue creada (**Gen 1: 3-5**); en el Segundo día los firmamentos fueron separados y se formó el cielo (**Gen 1:6-8**); en el tercer día Dios creó dos obras; en la primera obra, terreno seco aparece en la tierra (**Gen 1: 9-10**), y en la segunda obra, la vegetación aparece, con plantas que producen semillas de su clase, y árboles que producen frutas de su clase (**Gen 1:11-13**). Estos alimentos incluyen, pero no están limitados a: brócoli, coliflor, espinaca, y vegetales rojos, verdes, amarillos y de todas clases. Todos los alimentos y medicinas salieron de la tierra; y la tierra es la obra más completa del Señor. Fueron creados para alimentar más de 100 trillones de células y 30,000 genes en el cuerpo humano, los cuales proveen la capacidad al hombre para vivir vidas largas y saludables.

¿Han notado alguna vez cuán extraordinario es que una **_tajada de zanahoria_** se parece a la pupila del ojo humano, semejando **la iris** con el patrón circular y plano de la membrana? La ciencia ha demostrado que las zanahorias tienen un gran efecto en la circulación de la sangre en los ojos. ¿No se acuerdan cuando sus madres les decía cuando eran niños que comieran todas sus zanahorias pare que tuvieran buena visión?

Los siguientes vegetales: **_El Apio, Bock Choy, y Raiz Medicinal_** tienen la apariencia de los huesos. Estos vegetales impactan especificamente a la fuerza de los huesos. Se dice que los huesos tienen por lo menos 23% del complejo de sodio y estos vegetales se dice que tienen el mismo contenido de sodio. Si ustedes no tienen suficiente sodio en su dieta, el cuerpo lo extrae de los huesos, haciéndolos débiles. Estos alimentos pueden ayudarles a volver a suplir las necesidades de su esqueleto.

La Berengena, los Aguacates y las Peras estimulan la función de la matriz y el cuello del útero de la mujer. ¿Cuán interesante es que la forma de estos vegetales y sus frutos son bien semejantes a los órganos en el cuerpo de la mujer? Estudios demuestran que cuando una mujer come un aguacate a la semana, le ayuda a balancear las hormonas y ayuda en la pérdida de peso obtenido durante la preñez, y también parece ayudar a la prevención de cáncer del útero.

Pongan atención a esto: se toma exactamente nueve meses para cosechar un aguacate desde que florece hasta que está maduro, y exactamente nueve meses para el desarrollo de una vida humana. El número **"nueve"** es el número que representa fructificación, finalidad, y nuevos nacimientos en el sistema numérico de Dios.

*Los **Higos** están llenos de semillas y crecen de dos en dos.* Se ha dicho que los higos aumentan la mobilidad del espermatozoide del hombre, y que ayudan a **prevenir** la esterilidad del hombre. Los higos son excelentes en el proceso de eliminación del cuerpo; en apariencia semejan a los testículos del hombre.

Las **Uvas** crecen en grupos y tienen la apariencia y la forma del corazón humano. Cada uva se parece a una célula de sangre y todos los estudios hoy demuestran que las uvas son alimento vitalizador y profundo para el corazón y la sangre.

Toronjas, Naranjas y otras Frutas Cítricas. Semejan las glándulas mamarias de la mujer y ayudan con el desarrollo de senos saludables y movimiento de ganglios linfáticos (cuerpos o células ovuladas que suplen glóbulos blancos y limpian bacteria) dentro y fuera de los senos.

Las *Habichuelas Coloradas* realmente ayudan en el funcionamiento y sanación del hígado, y este vegetal semeja la forma del hígado humano en la cavidad abdominal.

*Las **Aceitunas** tienen una semilla dura y son agrias.* Esta pequeña fruta ovalada está formada como el ovario de la mujer.

Las *Cebollas* también se parecen a las células del cuerpo. Estas causan y producen lágrimas. Estudios demuestran que las cebollas, al igual que el ajo ayuda a limpiar el organismo. **Las *Papas Dulces*** resemblan nuestro páncreas, y pueden ayudar a balancear el índice de glicemia de la diabetes, y se ha dicho que puede ser un agente que combate al cáncer.

Los Tomates tienen cuatro divisiones y su color es rojo. El corazón humano es un órgano muscular hueco que mantiene la circulación de la sangre a través the contracciones rítmicas, y es rojo en color. Los estudios demuestran que los tomates son buenos para el corazón y se consideran alimento de la sangre.

¿Cuán fenomenal es que el cerebro humano es un órgano compuesto de tejidos suaves y nervios, dividido en cuatro unidades cuadradas, dos hemisferios (derecho e izquierdo), y que las partes altas y bajas del cerebro semejan la forma de las **nueces?** Cuando miramos a una nuez, esta también tiene arrugas como el cerebro humano. Se ha establecido que las nueces son una buena fuente de alimento que ayudan al funcionamiento del cerebro.

Ahora dime si esto no es obra de Dios y prueba de Su infinita sabiduría en acción. Estas doce frutas y vegetales, no sólo se parecen a los órganos humanos, sino que fueron creados para proveer alimentación y ayudar en el funcionamiento del cuerpo y de las partes a las cuales resemblan. **Doce** es el número de Dios que significa poder, autoridad, govierno, y dominio. Son también fenomenales los simbolismos numéricos mencionados en el libro de **Revelaciones 22:2**; acerca de las doce variedades de frutas para sanamiento y restauración, tanto como el simbolismo en **Rev. 12:1** de una mujer – que representa a la gente de Israel, la Iglesia o La Virgen Maria –y que lleva la corona de las doce estrellas (cada una representando una de las doce Tribus de Israel). Más que nada, no olvidemos el mes de celebración, el mes doce (diciembre) el celebrado cumpleaños de Jesus, Amén.

SUMERGIENDOSE EN EL SÉPTIMO PARAÍSO

Los Números han tenido su significado en la Palabra de Dios. Cuando examinamos el número **siete (7)** vemos que ha tenido mucha importancia tanto en el Viejo como en el Nuevo Testamentos. El número siete simboliza la perfección, santidad, y soveranía de Dios.

> Yo creo que al leer, sus cerebro se van a investir de poder mientras son preparados para un gran derramamiento de ungimiento y deliberamiento mientras las paredes de deshidratación religiosa y física se derrumban. Recuerden que en su inquisición para limpiar su acto el Señor perfeccionará todo aquello que les concierne a ustedes. (**Salmos 138:8**).

> Así como a los niños de Israel les fue ordenado caminar alrededor de las paredes de Jérico por **siete** días, Josué caminó y marchó alrededor de aquellas paredes una vez al día por **siete** días, pero en el **séptimo** día él marchó **siete** veces, y en ese día las paredes se derrumbaron (**Josua 6:15-20**).

Eso es lo que va a suceder en su vida mientras extraen información de este libro. Esos obstáculos e impedimentos que les han impedido moverse hacia adelante se disiparán mientras ustedes se fortalecen por la palabra de Dios.

Cuando Naaman, un capitán poderoso de los huéspedes de los Syrians, fue afligido con lepra, él fue al rio Jordán y se sumergió **siete** veces. En la **séptima** sumergida salió sano.

En el libro de Daniel, el Rey Nebuchadnezzar hizo calentar un horno feroz, **siete** veces más de lo que normalmente era calentado, cuando los tres niños hebreos, Shadrach, Meshach y Abednego fueron tirados como castigo por desobedecer el mandato del rey de orarle y adorar a otro Dios que no fuera el rey.

También encontrarán que el número **siete** tiene gran significado en la profecía. Si han leído el libro Revelaciones, Juan anotó lo que él vió; habían varias referencias al número **siete.** Una carta fue dirigida a las siete Iglesias en Asia Menor. Hablaba de los **siete** espíritus, los **siete** candelabros, **siete** trompetas, **siete** frascos/tazones, **siete** ángeles, **siete** estrellas, ect.

Le tomó a Salomon **siete** años para construir el templo de Dios. Por **siete** días el dio el sacrificio de ofrenda, y en el **séptimo** día la Gloria de Dios bajó del cielo.

Hay **siete** divisiones, las cuales constituyen el Padre Nuestro. Dios puso siete elementos en nuestras vidas para que nosotros, como seres humanos, no perescamos por falta de aire, sol, agua, alimento, descanso, relaciones y propósito en nuestras vidas.

Aún cuando yo estaba en la escuela superior no hacen muchos años, nos enseñaron en economía doméstica, que para nosotros poder correctamente preparar una mesa necesitamos siete artículos: un tenedor, un cuchillo, una cuchara, un plato, una taza, un platillo, y un vaso.

La Biblia hace referencia a ciertas cadenas de montañas a través del Viejo y Nuevo testamentos donde eventos significativos han tomado lugar, pero yo he escogido los siguientes **siete** por su importancia. **Mt. Herod** fue donde la Arca aterrizó durante los días de Noah.; **Mt. Moriah** fue donde Abraam ofreció a su hijo en sacrificio; **Mt. Sinai** fue donde **Moisés** recibió la ley escrita. **Mt. Carmel** donde Elías fue retado por los profetas paganos; la Montaña/ colina llamada **Calvario,** fue el lugar donde Jesús fue crucificado; la **Montaña de Los Olivos** fue donde Jesús dió su discurso del **Olivo,** y donde El ascendió a la mano derecha del Padre. La Montaña llamada Mt. Hermon fue donde Jesús llevó a Pedro, Jaime y Juan, y fue allí transfigurado y su divinidad eclipsó su humanidad.

Como se puede ver, el número **siete** se nombra constantemente a través de las páginas de la biblia en referencias tales como:

- Jesús alimentando la multitud de 5000 personas con dos pescados y cinco hogazas de pan. Aquí, la suma de 2 + 5 es **siete.**
- La sangre de los animales sacrificados fue roceada **siete** veces en el Arca de la Alianza.
- Hay **siete** talentos del Espíritu Santo: sabiduría, conocimiento, fe, sanamiento, profecía, lenguas, e interpretación de lenguas.
- En la narración de la creación en la Biblia recordemos que Dios descansó en el **séptimo** día.
- El sagrado candelabro tiene **siete** espacios.
- Hay **siete** días en la semana.
- Hay **siete** colores en el arco iris.
- Hay **siete** continentes en el mundo.
- Hay **siete** capas de piel en el cuerpo.
- Tenemos siete huecos en nuestra cabeza, **dos** ojos que actúan como cámaras y que envían mensajes al cerebro, **dos** oídos que recogen sonidos bajos y altos, **dos** huecos en la nariz para oler y **una** boca que artícula el lenguaje. Estas **siete** partes componen la estructura facial humana.
- Hay **siete** huesos en nuestro cuello.
- El pulso del hombre late en el concepto de los **siete** días; seis de los **siete** días late más ligero, pero en el séptimo día late más despacio.

- Estamos en la **séptima** Dispensación de la historia anotada del hombre.
- Si leen el capítulo veintitrés del libro Exodo, hay siete bendiciones de Pascua reveladas en la escritura **(1)**. Dios les asignará un ángel; **(2)** Dios será un enemigo para sus enemigos; **(3)**. Dios les dará properidad; **(4)** Dios eliminará sus emfermedades; **(5)** Dios les dará una larga vida; **(6)** Dios les brindará aumento y herencia y **(7)** Dios les dará un año especial de bendiciones. ¿A cuantos de ustedes les gustaría y podrían usar un año especial de bendiciones?
- Según Jesús mismo fue a la Cruz, El tuvo las **siete** últimas palabras.

Desde el libro de Génesis hasta el de Revelaciones justamente nos hemos sumergido en el séptimo paraíso y el número de gracia de Dios está presente. Como se ha comprobado entonces y en los tiempos por venir, Dios se está preparando para perfeccionar y completar aquellas cosas que le conciernen a ustedes en sus vidas individuales y para toda la humanidad.

Siempre recuerden que Jesús es Rey de Reyes y Señor de los Señores y todo es possible a través de El. Recuerden los **sietes** elementos más vitales e importantes mientras oren.

>Gracias por despertarme.
>Gracias por dejarme mirar hacia arriba.
>Gracias por dejarme levantar mi cabeza.
>Gracias por dejarme levantar mis manos.
>Gracias por dejarme expresarme.
>Gracias por dejarme sentarme.
>Gracias Padre por dejarme pararme.

En resumen, has tenido una breve lección bíblica aróbica desde Génesis hasta Revelación

¡Gloria a Dios! ¡Aleluya!

¡OH LA SANGRE!

Ahora vamos a entrar al Libro de Isaías. Isaías fue un profeta de Dios majestuoso. La veracidad de sus escrituras y discursos es número uno. El nombre Isaías significa Salvación del Señor. Si lo ven desde una perspectiva diferente quiere decir que salvación ha llegado a nosotros del Señor. Es el libro que profetizó la muerte y resurrección de Jesucristo.

El Libro de Isaías tiene similaridades con la Biblia en la manera en que está compuesto. Isaías está dividido en dos secciones y tiene sesenta y seis capítulos, así como la Biblia está dividida en dos secciones, el Viejo y Nuevo Testamento, y tiene sesenta y seis libros. ¿Puede ser esto coincidencia? La Biblia tiene treinta y nueve libros en el Viejo Testamento y veintisiete en el Nuevo Testamento. Isaías tiene treinta y nueve capítulos en la primera sección y veinitsiete en la próxima.

Isaias 1:18 dice…**"Vengan, vamos a razonar juntos y aunque tus pecados son como el color rojo, serán tan blancos como la nieve."** Podemos ver que una transformación es evidente, y un nuevo comienzo tomará lugar. Rojo es el color que representa nuestra sangre. **Ocho (8)** es el número que representa comienzos nuevos y nuestro Padre celestial nos deja saber que todo comienza con la sangre.

La sangre es el líquido rojo que circula en nuestras arterias, venas y circula cada veintitrés segundos. El promedio de sangre en el cuerpo de un adulto normal es diez pintas. Una unidad de sangre es aproximadamente el equivalente a una pinta. La sangre compone acerca de 7% del peso de nuestro cuerpo, y hay cuatro tipos de sangre: A, B, AB, y O. Los tipos de sangre son basados en la presencia o ausencia de antígenos en las células rojas de la sangre. Me encanta pensar en la sangre de esta manera.

Jesús dijo que todo está en la sangre. La sangre de Jesús limpia y dá vida al cuerpo, elimina todos nuestros pecados y purifica y fortalece el corazón. **(Lev. 17:11, Eph. 5:26 y Juan 6:54-56)** La sangre de Jesús actúa como control del clima. **(Genesis 8:22)**

No hay otro nombre tal como el nombre de Jesús, el cual puede calentar o enfriar el ambiente que nos rodea.

> La sangre es una Fuente de Poder (**Actos 1:8**)

No podemos vivir sin esta fuente de poder; está altamente cargada y es electrificante.

> La sangre de Jesús es Primera Ayuda de Emergencia (**Rev. 12:11**)

Es el único bendaje que verdaderamente se necesita.

> La sangre es una Patruya de Seguridad (**Job 1:10**)

Pone una cerca de protección al rededor de nosotros encerrandonos en ella.

> La sangre es un Agente de Paz y Arbitración, proveyendonos la paz que sobrepasa todo entendimiento. (**Col. 1:20**)

La sangre es nuestra Perfección Ambiental
(Hebreos 11:20)

En tiempo de tormenta, El hace cesar al viento y a las olas, y es un Puente sobre las aguas turbulentas.

La sangre sella nuestro contrato de Fe con Dios
(Génesis 3:21)

Nos abriga y nos provee unidad.

En el Libro de Génesis se hace la primera referencia al derramamiento de sangre. Adán y Eva pecaron desobedeciendo a Dios, y haciendo ésto se dieron cuenta de su desnudez, y se cubrieron con hojas del árbol de higos. Animales fueron sacrificados y sus sangres y pieles fueron usadas para proveer cubierta para Adan y Eva.

Caín y Abel, los cuales eran hermanos y los hijos de Adan y Eva, tenían que traer una ofrenda a Dios. Caín levantó cosechas y era un labrador de la tierra; mientras que Abel, su hermano, era un pastor, y cuidaba las ovejas. Abel trajo el sacrificio de la oveja, mientras Caín trajo lo que cosechó en la tierra. Dios rehusó la ofrenda de Caín y aceptó la de Abel. Esto enfureció a Caín; su corazón estaba lleno de resentimiento y celos hasta el punto que él tramó y ejecutó el asesinato de su hermano.

Ustedes se preguntarán porqué la ofrenda de Caín no fue aceptada por Dios. Puede ser quizás, porque no era un **"sacrificio de sangre"** Caín trajo un sacrificio sin sangre que vino de la tierra maldecida no acceptable para Dios. Si han leido en Génesis, la tierra fue maldecida debido a los pecados anteriores de Adan y Eva.

En **Génesis 4:10** la palabra dice que la sangre de Abel clamaba desde la tierra al Padre. Eso nos dice que la **sangre** le habla a Dios. Caín había cometido un pecado horroroso, asesinato, el derramamiento de sangre inocente, la sangre de su propio hermano. Dios es el dador y sostenedor de la vida y El mira desfavorablemente a aquellos que matan, ya sea fisica, emocional, mental, o espiritualmente, porque El nos creó en su semejanza. Cuando lo que hacemos es detrimental para un hermano o una hermana, también lo estamos haciendo en contra del Padre.

La sangre es poderosa. Sin la sangre de Jesús no tenemos protección para nuestros pecados. Cuando Jesús murió, El fue el **sacrificio de sangre perfecto**. Nadie más murió por nosotros. La sangre es tan importante que es mencionada en la Biblia 460 veces.

En el Libro de **Exodo, capítulos 1-15** vemos el poder de la sangre activado para salvar a los niños de Israel. Los niños habían sido instruidos a pintar las lentejas y las bases de las puertas de sus casas con sangre de ovejas como un símbolo para Dios para que "pasara por encima" de sus casas mientras el ángel de muerte asesinaba a todos los primeros hijos nacidos de Egipto.

La obediencia de los Iraelitas a los mandatos de Dios, no solamentye les salvó la vida, sino que sirvió como un precursor a su preparación para su éxodo de Egipto. Hubo una cena de Pascua de hierbas agrias y pan sin levadura para commemorar su inminente libertad y para infundir en los corazones y en el pensamiento de los Iraelitas un recordatorio de las amarguras de los 400 años de esclavitud. Entonces la sangre de los animals sacrificados usada para pintar las bases de las puertas era un simbolo del último sacrificio de la Oveja de Dios, la cual sangre tiene el poder hoy para salvar.

A través de la sangre de Jesús tenemos una relación correcta con Dios. La sangre nos provee con las promesas de Dios y nos envuelve en un pacto con El. Nosotros somos capaces de hacer que Dios conozca nuestras peticiones usando lo siguiente: **Pide-Cree-Confiesa.** Si hacen eso, la Palabra de Dios nos promete en **Salmo 90:10** que los días de nuestra edad son setenta años, y en los más robustos son oschenta.

No solo tenemos la relación correcta con Dios a través de la sangre sino que también participamos en la **Comunión**, que para muchos es conocida como la **Eucaristía, el Sacramento Bendecido de la Ultima Cena del Señor.** Eucaristía: significado griego: bueno, bien, favorecido, gracia y agradecer. Después de haber pasado una situación retadora en mi cuerpo, el Señor habló a mi corazón y dijo:"Esta es la Cena que Sana, recíbela. Aunque es ofrecida a muchos en muchas Iglesias en el segundo y tercer Domingo, fue la última cena que **Jesucristo** compartió con sus dicípulos antes de su arresto y crucificación.

El que come mi carne y bebe mi sangre, tiene vida eterna; y yo le resucitaré en el día postrero. **Juan 6:56**

La Ultima Cena está documentada en los tres Evangelios Sinópticos, Mateo, Marcos y Lucas, y en la Primera Epístola de los Corintios. Está escrito que nuestro Señor Jesús en la noche que fue traicionado, cojió el pan, dió gracias lo partió y dijo: "Este es mi mi cuerpo, el cual es para ustedes. Hagan esto en reconocimiento a mi" Luego tomó la copa diciendo, "Este es el Nuevo pacto de mi sangre. Has ésto y siempre que la tomes, hazlo en reconocimiento mio".

Yo se por experiencia personal que es la Cena que Sana, después de romper la tradición, tomandola por 30 días seguidos y reciviendo sanación en mi cuerpo. ¡Oh, La Sangre!

AYUNO Y PURIFICACIÓN

Nosotros no tenemos que ser esclavos de nuestras viejas maneras de vivir. No podemos continuar abusando nuestros templos (nuestros cuerpos), el templo el cual es la casa del Espíritu Santo, poniendo las cosas incorrectas en él. Debemos depositar la Palabras de Dios en nuestros corazones y pensamientos diariamente para cambiar la vieja manera de pensar. Debemos aumentar nuestra actividad física para ayudar a mantener nuestras facultades y coyunturas trabajando apropiadamente para bienestar total del espíritu, alma y cuerpo.

Yo creo que el Apostol Pablo conocía el secreto de vivir una vida Cristiana y Saludable. El sabía que si los creyentes iban a ser dicípulos de Jesucristo, debían vivir por fe, ser santos y adorar la doctrina de Dios. Cualquier transformación no se iba a conseguir solo por obedecer las leyes; también se necesita la **gracia** de Dios. La Gracia es el favor no merecido que Dios nos brinda y a través de la fe está el poder transformador para nuestra salvación.

En nuestra búsqueda para cambiar y conformarnos a la imagen y semejanza de Jesús, hay necesidad de hacer algunas alteraciones a viejos hábitos y prácticas que le impiden a nuestras naves terrestres operar en la manera que Dios nos designó. Yo quiero que cada uno de ustedes note que no es la ley que está activa hoy la que nos hace cambiar. Pablo hace ver que la Ley, aunque santa y buena, no tiene poder para cambiarnos.

No lo puede hacer; sólo Dios, quien nos dejó el Espíritu Santo, puede no sólo cambiar nuestra naturaleza pecadora sino también renovarnos el pensamiento.

Los creyentes en esta etapa de gracia no están bajo Ley **(Romanos 6:14).** Nosotros como creyentes debemos conocer la verdad; que Cristo es el fin de la ley y que Jesús vino para darnos vida y para dárnosla más abundantemente. Como creyentes DEBEMOS aprender a transformar nuestros pensamientos y a tomar responsabilidad por los cuerpos que se nos han otorgado.

La Palabra de Dios nos dice que nosotros estamos hechos temerosa y maravillosamente, y a quien mucho se le otorga mucho es también requerido; y que en El (Jesús) vivimos, nos movemos, y tenemos nuestro propio ser. Lo cual significa que El espera que tomemos buen cuidado de nuestro ser.

Mi oración es que la información en este libro, sea para ustedes como un buen pedazo de carne. Entonces te digo, mastica lo que te sirva de alimento y bota los huesos, vamos a girar nuestra atención a un área que la gente puede considerar prohibida o que no tiene el deseo de tolerar.

¡ESCUCHEN!

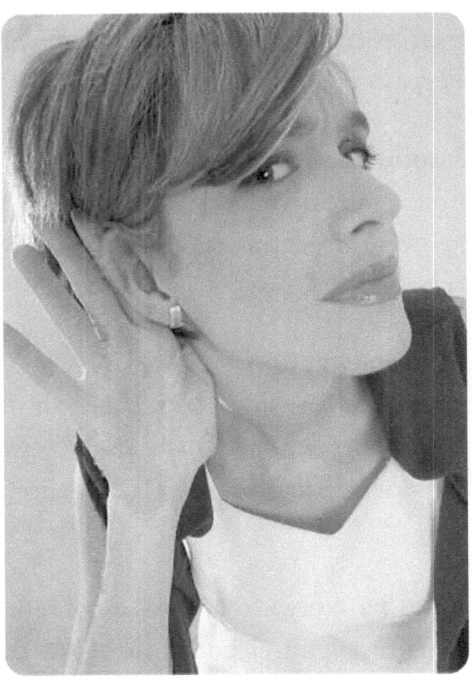

La palabra de Dios nos dice que hay tres cosas que se requieren de un Cristiano. Estas son: **Ayunar, Orar,** y **Dar.**

Vamos a hablar de la primera de las tres. Hay muchos de nosotros que encontramos difícil ayunar, y algunos que no entendemos la importancia del ayuno. Yo creo que ayunar es una forma de limpiar las telarañas no solamente físicas, sino también espirituales, mientras les prepara para hacerles más sensitivos al movimiento del Espíritu. Es una manera de comunicarnos con nuestro Padre Celestial que provee un canal para dialogar. El progreso es manifestado en intimidad entre ustedes y Dios, y hace crecer más la relación personal de ustedes con El. Las siguientes son algunas razones adicionales que clarifican el porqué se debe ayunar.

16. Detoxificación del cuerpo

Muchas toxinas están almacenadas en nuestros cuerpos, especialmente en las células de grasa, tales como químicos y drogas que se necesita remover.

17. Fuerza y Desarollo Espiritual

Las personas que ayunan con regularidad sienten una revelación personal y espiritual, mientras se acercan más a Dios y reciben instrucciones claras de El.

18. Sanación de Enfermedades

Muchas enfermedades han sido controladas con éxito a través del ayuno; por ejemplo la epilepsia, diabetis, esquizofrenia, y obesidad. Yo he tenido experiencia personal con la Epilepsia.

19. Control Propio

A nosotros se nos ha otorgado autoridad sobre nuestros cuerpos. Muchas personas disfrutan el poder sobre sus cuerpos (templos) que el ayunar les brinda. Durante el ayuno, su control propio es intensificado.

20. Pérdida de Peso

La mayoría de los ayunos causan pérdida de peso así como ayudan al espíritu. Aunque la persona sólo tenga en su mente el aspecto de pérdida de peso.

Quizás ustedes no hayan ayunado antes, y no tengan idea de qué puedan esperar durante el período de ayuna. La parte más difícil de el ayuno ocurre durante los primeros días. Se puede perder probablemente un promedio de una o dos libras durante los primeros días. Ustedes al principio pueden sentir dolor de cabeza o hambre, lo cual no dura mucho. También pueden experimentar un sabor repugnante en su boca y también sentir pérdida de energía. Esto pasará pronto, mientras ustedes se adaptan al ayuno.

Definitivamente ustedes tendrá un mayor conocimiento espiritual mientras aumenta sus energías. Algunas mujeres pueden experimentar tardanza o pérdida de sus períodos menstruales. Hay algunas mujeres que me han dicho que han experimentados períodos de olvido y a veces no pueden pensar claramente durante el primer día del ayuno. Pero por el tercer día, su noción espacial (las cosas a su alrededor) es más aguda y están en más armonía con su espiritualidad. Pequeños periodos de descanso (dormir) pueden ser necesario.

La Biblia habla del ayuno. Hay tres maneras de ayunar. Está el **ayuno parcial** durante el cual se puede dejar de tomar o comer cosas dulces y carnes por cierto tiempo, como es anotado en el Libro de Daniel.

Está tambien el **ayuno normal** en el cual usted se abstiene de comer por un período de tiempo más largo, hidratándose sólo con agua. El agua es un agente de eliminación o de limpieza. Y finalmente tenemos el **ayuno absoluto,** donde ni se comen carnes, ni se toma nada. Este tipo de ayuno debe ser hecho bajo supervición médica.

Como una guía aquí les indico algunos períodos de tiempo para ayunar:

- **Ayuno de Tres (3) Días** es un **Ayuno de Deliveración.**

El número tres representa Perfección Divina a través de la Palabra, pensamiento y obra.

- **Ayuno de Siete (7) Días** es un **Ayuno de Limpieza.**
  El número siete representa un tiempo de descanso.

- **Ayuno de veintiún (21) Días** es un **Ayuno de Arrepentimiento.**
  El número veintiuno representa expectativa.

- **Ayuno de cuarenta (40) Días** es un **Ayuno de revelación.**
  El número cuarenta representa un tiempo de prueba y consagración. Moisés, Josué, Elías y Jesús ayunaron por cuarenta días. Los hijos de Israel vagaron por cuarents años

en el desierto antes de encontrar la tierra prometida. También toma la manifestación de cuarenta semanas que se toma para traer vida al mundo.Esto fue lo que tomó lugar mientras Noa y su familia estaban en el Arca por días y noches antes de que el Arca se parara en tierra seca y les permitieran a ellos salir y restaurar el mundo.

Matthew 6 nos dice **"perfumen sus cabezas (bendíganla con aceite sagrado) y laven su rostro." "O disfruten y vean que el Señor es bueno"**. Trata de ayunar por un día. Ese día puede convertirse en dos, esos dos días pueden convertirse en tres y así por el estilo. ¡Quizás lo disfruten! Extiendan su fe. La fe llega cuando se escucha la palabra de Dios consistentemente.

La Segunda área en la cual los Cristianos se tienen que enfocar es la oración.

I Tesalonicenses 5:17 nos instruye a orar sin cesar. Hay cuatro tipos de oraciones que se pueden orar:

- **Oración de Alabanza:** La oración de Alabanza es una oración adorando a Dios por ser quien es El. **I Cr. 29:10-13; Lucas 1:46-55.**
- **Oración de Confesión.**
- **Oración de Peticiones:** La oración de Peticiones es haciendo una petición personal a Dios, **Genesis 24:12-24; Hechos 1:24-26.**
- **Oración de Confidencia:** La oración de Confidencia es afirmando la suficiencia de Dios y la seguridad del creyente en Su amor:**Salmo 23 and Lucas 2:29-32.**
- **Oración de Compromiso:** La Oración de compromiso es una oración expresando lealtad a Dios y su trabajo, y que puede ser encontrado en **I Reyes 8:56-61 y Hechos 4:24-30**

- **Oración de Agradecimiento:** La oración de Agradecimiento expresa gratitud a Dios por lo que El ha hecho por nosotros, **Salmos 105:1-7 y I Ts 5:16-18.**
- **Oración de Intercedimiento:** La Oración de Intercedimiento es la oración de hacer una petición a Dios por otra persona, **Exodo 32:11-13; 31-32 and Fil. 1:9-11.**
- **La Oración del Perdón:** La oración del Perdón es de suma importancia porque es la oración pidiendo misericordia por nuestros pecados o por los pecados de otros. **Daniel 9:4-19 y Hechos 7:60.**
- **La Oración de Bendición:** La oración de Bendición es la oración la cual es una petición por la bendición de Dios. **Números 6:24-26 and Judas 24.**

También hay otros tiempos para orar privadamente en un lugar apartado, sólo ustedes y Dios, o espontáneamente mientras trabajas, en su vehículo mientras viajan solos, en un grupo o equipo, o durante tiempo con la familia. **Mt. 6:6 dice "cuando ores, ve a tu cuarto privado, y cuando hallas cerrado la puerta, ora a tu Padre secreto; y tu Padre quien es secreto, quien ve en secreto, te premiará"**

La tercera área en la cual el Cristiano tiene que enfocarse es en el área de dar (ofrendas). En el Viejo Testamento dar ofrendas es expresado como diezmar pero en el Nuevo Testamento está espresado como ofrendar (dar). La primera indicación de pagar diezmos se encuentra en el libro de Génesis, donde Abraham dio una decima parte de todo lo que tenía al Rey de Salem, Melchizedek.

Está escrito en **Dt 14:22 "Indefectiblemente diezmarás todo el producto del grano que rindiere tu campo en todo el año." "Diezmarás"** es un mandato. Debemos hacer todas nuestras ofrendas de corazón. **1 Cr. 29:6, 9-10...** "el jefe de familia y los príncipes de las tribus de Israel y los jefes de militares y centenas, con los administradores de la hacienda del rey, ofrecieron voluntariamente...y se alegró el pueblo por haber contribuído voluntariamente. Asimismo se alegró mucho el rey David, y bendijo a Jehová delante de toda la congregación y dijo David: "Bendito seas tu, oh Jehová, Dios de Israel nuestro padre, desde el cielo y hasta el siglo".

El diezmar debe ser signo de regocimiento y de gratitud; ésta debe ser nuestra actitud. Sinembargo quizás tú dirás, "¡No tengo suficiente para seguir viviendo, aún menos para diezmar!" Van a experimentar "necesidad" y también serán maldecidos, porque la Biblia dice que pasará.

> **Neh 10:35-37 nos dice que "cada año traeríamos a la casa de Jehova las primicias de nuestra tierra, y las primicias del fruto de todo árbol. Así mismo, los primogénitos de nuestros hijos y de nuestros ganados, como está escrito en la ley; y que traeríamos los primogénitos de nuestras vacas y de nuestras ovejas a la casa de nuestro Dios, a los sacerdotes que ministran en la casa Dios"**

Recuerda que, aquel que poco cosecha, poco recibirá; y aquel que cosecha abundantemente, abundantemente recogerá. **2 Corintios 9:6**; ésta es una ley de Dios. Está también escrito en **Lucas 6:38…"Dad y se os dará; medida buena, apretada, remecida o rebosando darán en vuestro regazo"**

La Biblia nos dice **Deuteronomio 16:17 que cada uno con la ofrenda de su mano, conforme a la bendición que Jehová, tu Dios te hubiere dado.** Cuando es tiempo de dar una ofrenda, no un diezmo, porque el diezmo es un mandato, pregúntale a Dios cuanto quiere El que tú ofrescas; El te pondrá una cantidad en tu mente. En **2 Reyes 12:4**, leemos, **"y todo el dinero que cada uno de su propia voluntad trae a la casa de Jehová."**

¡Asi mismo es el deseo de mi corazón que ustedes sobresalgan en el deseo de diezmar! Jesús mismo nos enseño a diezmar. ¡Verdaderamente puedo decir que si ustedes le ponen atención a las cosas de Dios ¡El les suplirá todas sus necesidades de acuerdo a Sus riquezas en Gloria! ¡Si tienen aflicción en su cuerpo planten una semilla de fe para su salud y verán que Jehová viene a su rescate!

Al pensar en nuestro cuerpo, y en sus diferentes partes y funciones se nos hace difícil comprender cuán necesario es que todo trabaje en unísono de manera que el cuerpo pueda funcionar apropiadamente. Siempre que un miembro del cuerpo reacciona o hace algo diferente a su función original, dá una señal de que un problema ha comenzado o ha ocurrido. Si no hay ninguna armonía entre las partes del cuerpo, éste pierde poder y fuerza.

El cuerpo humano y el cuerpo de Cristo no son tan diferentes cuando se refiere a la desunión. La ausencia de armonía dá cominezo a pérdida de poder y fuerza, y tambián puede dar comienzo a pérdida total si el problema no es resuelto. Por eso es tan importante mantenernos en sintonía con nuestro espíritu, nuestras almas y nuestros cuerpos. Es sumamente esencial que despertemos de vivir una vida mundana, haciendo cosas de la manera antigua día tras día. Necesitamos alimentar nuestro pensamiento y obtener sabiduría a través de la Palabra: ése es el remedio.

Debemos sanarnos de adentro para fuera, pensamiento, cuerpo y alma. Necesitamos establecer un régimen diario donde oramos, nos nutrimos e hidratamos el cuerpo, y hacemos ejercicio, así como lubricar nuestras coyunturas con las hierbas y vitaminas que ordinariamente no recibimos en nuestra dieta natural. La Palabra de Dios dice, "hay una manera que le parece correcta al hombre". Entonces somos atraidos a esas cosas que nos son ordenadas por la Palabra para nosotros. Tenemos que usar sentido común.

Hay provisiones que están puestas a nuestra dispocisión para que las usemos, las cuales son esenciales para nuestro bienestar de salud total. **Estas son las que yo llamo los curanderos de la tierra.** La primera es el aire. Es un hecho conocido que nosotros sólo podemos existir unos minutos nada más sin aire suficiente. Se dice que el respirar aire restituye el balance y funcionamiento del cuerpo y espíritu. La Segunda es el agua. Solo podemos sobrevivir sin ella unos días. La tercera es alimento. Se dice que solo podemos sobrivivir por un período de un mes sin alimentarnos. La cuarta es dormir. A lo sumo, lo más que podemos vivir sin dormir es una semana. La Quinta área es ejercicio. Necesitamos mantener nuestras coyunturas ágiles y flexibles. Lo que no se mueve se pierde. La Sexta área es relaciones personales. Dios dijo que no era bueno para el hombre estar solo. La séptima área es propósito. Necesitamos un propósito para existir, una razón para levantarnos en la mañana y para esperar algo productivo en el futuro. La familia, los amigos, compañeros de trabajo, asociados de negocios, todos nos dan un propósito.

SEÑOR YO QUIERO CAMBIAR

Hay tantos Cristianos hoy a los que no les gusta lo que ven en sí mismos. Muchos tienen una imagen negativa de sí mismos y hábitos malos que desean cambiar. Bueno, ¡tengo buenas noticias para ustedes! Ustedes no pueden cambiar por sí mismos, sino por y a través del poder del Padre.

> **II Corintios 3:18 nos dice: "Por tanto, nosotros todos, mirando la cara descubierta como en un espejo la Gloria del Señor, somos transformados de Gloria en Gloria en la misma imagen, como por el Espíritu del Señor."**

Romans 12:2 dice que si renovamos nuestro entendimiento podemos ser "transformados." La palabra "transformados" es traducida de la palabra griega de donde obtenemos el término "metamorfosis": cambiado, transformado, transfigurado. Estas son palabras poderosas y emocionantes, y describen lo que les sucederá a ustedes cuando pasen tiempo contemplando al Señor, dentro y fuera de la Palabra. Mientras ustedes usan tiempo renovando su entendimiento, su existencia externa será transformada de la misma manera que una oruga es transformada en una bella mariposa.

En vez de conformarse al mundo ustedes van a comformarse a la imagen de Cristo, su espíritu renacido, el cual está vestido en la justicia y en la verdadera santidad Así como el espíritu correcto penetra adentro, la transformación tomará lugar y será iluminada al exterior. Hay una reunificación de un alma redimida, un pensamiento transformado y un espíritu renovado que se observará, y todo el mundo lo verá. Nicodemus, un líder religioso Judío, vino a Jesús por la noche y supo que para tener virtudes tenía que volver a nacer.

Toma tiempo para alejarte de lo mundano y estudia la Palabra de Dios. La Biblia nos require que estudiemos para que **"nos presentemos aprovados, que seamos hombres de trabajo, con el conocimiento para correctamente percibir la palabra verdadera." II Timoteo 2:15**

Medita en la Palabra de Dios y deja que la Palabra te cambie de adentro para fuera. Sé transformado (cambiado) a través de la renovación de tu pensamiento mientras El deja salir la bella mariposa que vive dentro de tí!

CAMBIOS PEQUEÑOS

Todos queremos hacer cambios en nuestras vidas y a veces establecemos metas muy altas y esperamos resultados inmediatos. Si pensamos de esta manera nos estamos poniendo en una situación para fallar. Mi sugerencia es que comiencen haciendo pequeños cambios en sus hábitos. Traten de no intentar cambiar muchas cosas a la vez. Eso es como tratar de lanzar muchas bolas a la vez en el aire; las posibilidades son de que vas a dejar caer una o todas.

La clave Segunda es ser consistentes. Cuando comiencen a hacer cambios en la dieta, es mi sugerencia que si no lo han hecho en el pasado, que comiencen a comer tantos vegetales crudos como les sea posible. Algunos vegetales son más importantes que otros para la detosificación del hígado. Los vegetales que se deben comer más a menudo son: repollo, brocol, col de Bruselas, coliflor, col rizada, nabos, y mostaza. Si cuecen los vegetales, es preferible que los cocine a vapor en vez de cocinarlos en agua. El cocinarlos a vapor les ayuda a mantener el valor nutritivo de los vegetales y no desperdician los minerals y vitaminas que contienen.

Coman suficiente frutas y tomen suficiente agua añadiendole jugo de limón o lima. Tomen té verde o otros teces de hierbas. El té verde es un antioxidante. Se dice que es doscientas veces más poderoso que la vitamina E, y quinientas veces más poderoso que la vitamina C. Investigadores dicen que la vitamina C, activa agentes detoxificantes en el hígado, ayudando a defender nuestros cuerpos en contra del cáncer. Para el propósito de detoxificación yo recomiendo una taza de té verde dos o tres veces al día. Si prefieren, pueden tomar cápsulas de té verde tres veces al día.

Coman más proteína. Pueden encontrarla en el pescado graso tal como: Salmón, Halibut, Mackerel, y Arenques. También recomiendo comer pavo, pollo y carne de res sin grasa; es mejor para ustedes.

Pero la cosa más importante que pueden hacer para ustedes mismos es: ¡EJERCICIO! ¡EJERCICIO! ¡EJERCICIO!

Para aquellos que no sabían, quiero compartir este **"grano de oro"** con ustedes. Investigadores han encontrado que solamente 57 % de mujeres saben que las enfermedades del corazón son la causa principal de muerte y muchas no hacen la conección entre los factores de riesgos tales como alta presión, y colesterol alto. Estos factores son los mayores contribuidores que ponen a las mujeres en riesgo de desarrollar enfermedades del corazón.

BENEFICIO DEL EJERCICIO

De acuerdo a un estudio que yo leí, llevado a cabo el Instituto Cooper en Dallas, Texas, mujeres fisicamente incompetentes tienen un 5.33% mayor posibilidad de tener una muerte prematura que aquellas que participan en un programa de ejercicio. Yo he encontrado que mujeres de todas clases, formas, edades, que toman ventaja de los beneficios de nadar, bailes aróbicos, deportes, caminatas, correr en bicicleta, y bailar, gozan y viven la vida más libremente. Mi Biblia me dice que aquel a quien el Hijo le hace libre, es en verdad libre.

Sabemos que el ejercicio es la manera más segura, más barata, y más fácil para ayudar a combatir esos factores de riesgos que conducen a fallos del corazón y otras enfermedades. También el ejercicio es conocido por reducir el proceso de envejecimiento. Nos ayuda a sentirnos mejor física y emocionalmente, y definitivamente es el contribuidor principal de la pérdida de peso.

El ejercicio puede ayudar a envigorar los huesos, y calmar los síntomas de los períodos pre-menstruales y la menopausa. Alivia la tención y depresión, aumenta el auto-estima, y ayuda en el desarrollo de la fuerza muscular.

Es un hecho muy conocido que las mujeres que hacen ejercicios antes de los trienta y cinco años, tienen huesos mas densos y la pérdida de huesos es mínima. Si usted es una persona mayor, y comienza un programa de ejercicio ahora, puede re-establecer la pérdida de huesos a través de levantamiento de pesas, caminando y corriendo.

Me gusta pensar en mi como en una mujer elocuente que envejece con elegancia. Yo me crié en la ciudad de Wilmington. Yo no tenía habilidad excepcional en el campo de salud física y era relativamente emfermiza durante mi niñez y mis años de juventud. Yo comencé un programa de ejercicios después de haber tenido mi primera y única hija a la edad de veintisiete años.

Hace unos años atrás tuve un examen de la densidad de mis huesos. Me asombré cuando los resultados mostraron que yo tenía la integridad de huesos de una mujer de veintiseis años. Yo le estoy muy agradecida a Dios por mi habilidad de continuar mi régimen de ejercicio el cual he mantenido por los ultimos veintisiete años. Estoy feliz de decir que lo que yo commencé como pasatiempo se ha convertido en una segunda profesión.

En esta etapa de mi vida, estoy más interesada en mantener mi bienestar de salud. Duermo bien; estoy más alerta y mis habilidades cognitivas son más agudas. Mi preferencia en rutinas de ejercisios son: el baile aróbico, caminatas al aire libre durante la primavera, el verano y al principio del otoño, y caminando en la maquina de andar al final del otoño y durante el invierno. El ejercicio ha sido una fuente valiosa en ayudarme a ser más productiva mientras me siento y me veo mejor.

UNASEN COMO EN UNO: PENSAMIENTO, CUERPO, Y ESPÍRITU

Su decisión de combatir la batalla de la pérdida de peso debe ser hecha no sólo para verse mejor, sino también para sentirse mejor.

Si desean cambio permanente, la batalla debe ser peleada por ustedes con la ayuda de Dios. Si usamos la Biblia – la Palabra – para ayudarnos espiritualmente, tenemos una mejor oportunidad de sostener nuestros esfuerzos. Ejercitar el templo fisicamente y crear un balance del pensamiento, cuerpo y espíritu, debe ser nuestra meta. **Santiago: 2:26** nos deja saber "Porque como el cuerpo sin espíritu está muerto, así también la fe sin obras está muerta."

Muchos americanos experimentan una mayor lucha en la batalla del sobrepeso debido a su genética, cultura, la economía, o la falta de conocimiento. **Oseas 4:6 - "Mi pueblo fue destruido por falta de conocimiento."** Muchos de nosotros deciden perder libras de peso adicionales por razones erroneas. En vez de hacer un cambio cosa que podamos extender, mejorar, o enriquecer nuestras vidas, decidimos hacerlo por vanidad solamente.

La Biblia dice en **Romanos 12:2** que estamos "transformados por medio de nuestro conocimiento." Cuando permitimos que nuestro cuerpo se deteriore hasta el punto de llegar a estar emfermo e inadecuado, limitamos la habilidad de servirle al Señor.

El Programa de "Salud y Testimonio" les ayudará en hacer una decisión consciente y les ayudara a transformar sus pensamientos al templo saludable el cual Dios proyectó para cada uno de nosotros.

> **Pr 19:8 (NIV) declara: "El que posee entendimiento, ama su alma; El que guarda la inteligencia, hallará el bien."**

En otras palabras:

- **Comiencen meditación y oración con la Palabra para que les dé poder espiritual.**
- **Adquieran conocimiento de los alimentos que consumen y hagan selecciones inteinteligentes de alimentos**
- **¡Envuélvansen en actividad física apropiada para sus edades y estilos de vida bajo instrucción espiritual experta y alcanzarán éxito!**

Ustedes tienen:

Un Cuerpo –¡Reemplásenlo!
Un Pensamiento – ¡Aliméntenlo bien!
Un Espíritu – ¡Encomiéndenselo al Señor!
Una vida - ¡Vívanla y Disfrútenla!

Evalúen sus hábitos, y si es necesario cámbienlos. Comiencen a ver a su templo como si fuera un banco o una reserva. ¿Saben cómo hacer un depósito a una cuenta de ahorros o cheques? Entonces hagan un depósito en su salud física y espiritual cosa que puedan retirar una cantidad abundante. **Ga 6:7** dice,**"Pues todo lo que el hombre sembrará, eso tambien segará."**

Entréguenle sus vidas a Dios y El les dará poder para triunfar sobre cualquir hábito que les está destruyendo. Desarollen el hábito de darle a Dios la primera parte del día. No hagan nada sin primero tener lo que yo le llamo una pequeña conversación con Jesús **"Reconócelo en todos tus caminos, y el enderezará tus veredas. (Proverbios 3:6)."**

Establecan una hora de oración específica. Mantengan una cita con Dios de la misma manera que mantienen una cita con la Barbería o el Salón de Belleza; aunque sea un momento caminando en su máquina de ejercicio. Hagan de este tiempo un tiempo de ejercicio y comunicación. De esta manera ustedes pueden desarollar y darle más fuerzas al cuerpo mientras alimentan su espíritu. Dejen de poner escusas tales como: "No lo puedo hacer, es muy agotador, debo comer otras cosas que me gustan aunque no sean saludables". Quizás sea cierto, pero ¿y qué? Todos comemos cosas que no son saludables de vez en cuando, o nos caemos del caballo algunas veces…¡levántense y móntense en su caballo!

No hay, ni nunca habrá, una manera rápida para perder peso. Entren en el gimnasio de sabiduría para **desear, dicernir, y ser determinados. Oren, lean la Palabra, coman, tomen agua y hagan ejercicio diariamente, tomen un suplemento nutricional, y descansen.** Entonces verán **"La luz de los ojos alumbrar al corazón, y la nueva Buena confortar los huesos (Proverbios 15:30)."**

La Biblia nos dice que Jesús es el Unico que vino para sanar."**Venid a mi todos los que estaís afligidos y cargados, y yo os haré descansar"** **Mateo 11:28.** De ninguna manera este libro y lo que está escrito en él, reclama que tiene todas las repuestas, pero tiene la intención de ayudar a las personas que tienen la inspiración de Dios a renovar, revivir y restaurar sus vidas. Dios es la fuente de vida, de todo lo que es bueno y cierto. Aquellos que rehusan reconocer a Jesús nunca llegarán a un lugar de paz espiritual total y de sanación. Entonces, sean sanos de cuerpo, pensamiento y espíritu.

La Palabra nos dice: **"Mi pueblo fue destruido porque le faltó conocimiento. Por cuanto desechastes el conocimiento, yo te echaré."** Oseas 4:6, y que **"Porque el corazón de este pueblo se ha engrosado, Y con lo oídos oyen pesadamente, Y han cerrado los ojos; Para que no vean con los ojos, Y oigan con los oídos, Y con el corazón entiendan y se conviertan, Yo los sanaré."** Mateo 13:15.

Despertemos a través de la Sabiduría y la Palabra mientras Limpiamos Nuestro Acto.

USANDO JUGOS PUEDE CONDUCIRLES A UN SER MAS SALUDABLE

De acuerdo al Padrino de Estado físico, el Sr. Jack LaLanne, mantener un hábito de tomar jugos es una de los mejores cosas que ustedes peden hacer para sus cuerpos. El señor LaLanne dice que alimentos frescos y nutritivos son la llave para la longevidad y vitalidad. Usted recordará quel el señor LaLanne está acreditado con traer el movimiento de salud física (ejercicios), a la televisión, y él probablemente fue el auspiciador del primer programa de ejercicios, y todavía él usa jugos en su dieta. **Para citarlo, "Poner los combustibles correctos en sus cuerpos, dá resultados; y si comen vegetales crudos y vegetales preparados como jugos por 30 segundos, les ayudará a que sus cuerpos que se sientan y se vean muy bien."**

Una mañana en mi tiempo de meditación devocional, poco despues de haber leído el artículo del Sr. LaLanne, encontré la escritura de **Ezequiel 47:12 "Y junto al río, en la ribera, a uno y otro lado, crecerá toda clase de árboles frutales; sus hojas nunca caerán, ni faltará su fruto. A su tiempo madurará, porque sus aguas salen del santuario; y su fruto será para comer, y su hoja para medicina"**

Entonces fui al principio del libro y commencé a leer que en **Génesis 1:29** Dios provee cada hierba que produce semilla cediendola para que se convierta en alimento, y que Él plantó un árbol en el medio de un huerto que tenía toda clase de estas frutas. En un estudio más adelante se descubrieron 144 clases de frutas. Si usan el número doce y lo multiplican por 12, obtienen144. El número 12 es una representación del poder Divino, la autoridad y el govierno de Dios.

Para entender el árbol de la vida es bueno comenzar desde el principio. **Génesis 2:8-9** nos dice que Dios nuestro Señor plantó un huerto al oriente de Edén y puso allí al hombre que había formado. El puso el árbol de vida en medio del huerto. En **Gen. 2:22** Él entonces creó una mujer.

Cuando lees el capítulo veintidós de Revelación encontrarás que este último capítulo lee como el primero (**Génesis**). Los primeros tres capítulos relatan como Dios creó un paraíso y como éste se perdió por culpa del pecado y como al hombre se le prohibió que comiera del árbol de la vida.

También nos dice cómo el pecado fue destruido, el paraíso restaurado,y cómo el hombre una vez más tuvo acceso al árbol de la vida y al huerto.

Juán 10:10 nos dice porqué Dios nos dá reglas de salud, Él dice, **"yo he venido para que tengan vida, y para que la tengan en abundancia."** **Mt. 4:23** nos dice que Jesús recorrió a toda Galilea enseñando en las sinagogas y predicando el evangelio del reino, y sanando toda enfermedad y toda dolencia. Jesús estaba bien interesado en la salud de su pueblo. Dios tenia la intención de que integridad se aplicara a sus hábitos de comer y tomar, por lo que **I Corintios 10:31** nos dice **"Si, pues, comeis o bebeis, o haceis otra cosa, <u>hacedlo todo para la Gloria de Dios..</u>"**

Hacen ocho años, yo tomé el consejo del Sr. LaLanne de usar los jugos y encontré que fue muy bueno para hacer sentir mi cuerpo envigorado y con más vida.

Ahora déjenme estar en record diciendo que no estoy en acuerdo total de que reemplacemos los alimentos con el jugo, pero el jugo es un suplemento excelente y que ayuda a los hábitos de comer. He aquí unas recetas de jugo de mi régimen personal el cual incluye un jugo de liquadora, donde yo incluyo un banana que no produce jugo, pero que dá un buen comienzo a mi día: **6 zanahorias, dos manzanas, 3 naranjas y 1 toronja (sin la cáscara); para un regulador en la noche: dos manzanas y 1 pera.** Como un tónico en la mañana: 1 manzana, 1 toronja, (sin cáscara), o para un coctel digestivo, ¼ de limón (con cáscara), ½ toronja (sin cáscara) y dos naranjas (sin cáscara). Para hacer su propio V-8, trate un puñado de perejil, 3 zanahorias, 2 tallos de apio, ½ de remolacha, 1 manzana, y dos granos de ajos. En la liquadora, usen 1 banana, 1 taza de jugo de naranja y 1 taza de fresas. Añádale una taza de hielo. Se ha probado que los jugos naturales son muy efectivos para el sistema digestivo y ayudan mucho con el proceso de eliminación del cuerpo. ¡Disfrútenlo!

BANQUETE Y FESTIVAL

E zekiel 3:3 nos dice: **"Hijo de hombre, come lo que hallas; alimenta tu vientre, y llena tus entrañas de este rollo que yo te doy. Y lo comí, y fue en mi boca dulce como miel"**, y eso me hizo investigar más allá del ayuno, no sólo en lo natural, lo cual sabemos que es requerido para sostener nuestros cuerpos fisicamente. Debemos festejar en el espíritu las cosas de Dios, que son mucho más saludables. Mientras hacemos esto, revitalizamos nuestras células con vida eferveciente cosa que funcionen en maneras maravillosas para reflejar nuestro bienestar. Encontré que hay más en la Biblia acerca de banquetes y festivals que ayunos y funerales, y que Dios desea que Su pueblo redimido se sienta feliz, conforme y satisfecho en Pensamiento Cuerpo y Espíritu. El Señor nos informa de los siguientes banquetes:

1. Banquete de Pascua
2. Banquete del Pan sin Levadura
3. Banquete de la Primera fruta (Primicias)
4. Banquete de Pentecostés
5. Banquete de Trompetas
6. Banquete de Reconciliación
7. Banquete de los Tabernáculos

Se habla del Banquete de Pascua en **(Nm. 23:4-5)**. El roceo de la sangre de la oveja fue una commemoración del acontecimiento, por el cual los Hebreos fueron separados de los Egipcios. El banquete se llevó a cabo en el decimocuarto día del primer mes conocido como Abib o Nissan – el primer mes del año sagrado de los Judíos, equivalente a abril. Fue en en conección con este banquete que el Señor instituyó la Ultima Cena, la cual lo presagió a El como nuestra Pascua. El segundo Banquete es el Banquete de el Pan sin Levadura **(Nm. 23:6-8)**. Este banquete simboliza comunión completa y entera con Cristo, quien es el perfecto rollo de pan sin levadura, porque no había pecado en EL- la plenitud de la bendición de nuestra Redención está en El.

El Banquete de Las Primeras Frutas es caracterizado por Juan como el banquete de los Judíos por el rechazo moral del Mesías **(Juan 1:10-11)**. Las Primeras frutas (primicias) representan "Resurección". Pablo habla de su Señor resucitado como" Cristo-las Primicias" en **(I Co 15:23)**, luego los que son de Cristo en Su venida. Cuando Cristo resucitó, El se convirtió en "las Primeras Frutas de aquellos que duermen", una indicación compilada de una cosecha más abundante de almas resucitadas.

El cuarto banquete, El Banquete de Pentecostés, es también conocido como el Banquete de Semanas, y en Griego significa cincuenta. Se observa cincuenta días después de la ofrenda de los primeros frutos. Este fue un banquete que ocurrió durante el período en que los Judíos que generalmente residían fuera de Palestina decidieron visitar a Jerusalén.

El Banquete de las Trompetas se usaba para convocar a personas a oír un mensaje público importante, o para reclutar luchadores para la guerra. En el primer sábado del séptimo día del mes, las trompetas proclamaban una convocación santa, y en ese día no se hacía trabajo de ninguna clase. Y las personas tenían que hacer una ofrenda a través de fuego al Señor, **(Nm. 29:1)**. **Joel 2-3:21** habla de las trompetas en conección con la reunión y arrepentimiento de Israel luego que la iglesia, o el período de Pentecostés se había terminado.

El Banquete de el día de Reconciliación **(23:26-32)**, el cual es el décimo día del séptimo mes, lo nombraron día de ayuno público, en el cual la nación iba a afligir sus almas en nombre de sus pecados **Lv. 16:29; 23:27; Num. 29:7)**. La palabra "Reconcialiación: significa "hacer sacrificio propiciatorio por la reconciliación". Esto es lo que Jesús logró para nosotros en el Calvario.

Finalmente, el Banquete de los Tabernáculos **(23:34-44)**, quizás el mas gosozo, se llevó desde el decimoquinto hasta el vigésimo segundo día del séptimo mes, octubre. Está conectado con el vagabundeo de los Israelistas y ellos lo conmemoran viviendo en carpas y cabañas durante esos días. Es conocido en **Exodo 23:16** como la Fiesta de la Ciega. Fue el festival del final de la cosecha de frutas, aceite y vino. Israel mantuvo una profecía del futuro, así como una observancia, el pueblo exaltaba con alegria el reino que estaba por llegar a ellos en la tierra.

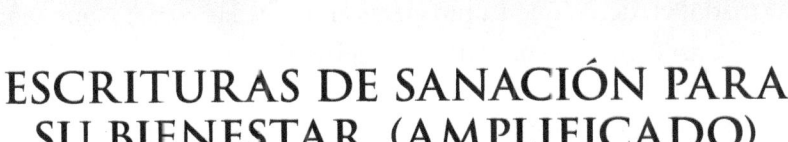

ESCRITURAS DE SANACIÓN PARA SU BIENESTAR. (AMPLIFICADO)

Combatan las enfermedades diariamente declarando en voz alta la palabra viva. La palabra será su fundación espiritual y el sendero para su sanación y les traerá bienestar total. **Pr. 18:14** dice que es el ánimo del hombre el cual soportará su enfermedad.

16. No moriré, sino que que viviré, y contaré las obras de JHA
    Ps. 118:17

17. Mas yo haré venir sanidad para ti, y sanaré tus heridas, dice Jehová; porque deshecha te llamaron, diciendo: Esta es Sión, de la que nadie se acuerda. **Jer. 30:17**

18. Quien llevó él mismo nuestros pecados en su cuerpo sobre el madero para que nosotros, estando muertos y por cuyas heridas, fuisteis sanados. **I Juan 2:24**

19. Y ellos le han vencido por medio de la sangre del Cordero y de la palabra del testimonio de ellos, y menospreciaron su vida hasta la muerte. **Ap. 12:11**

20. Amado, yo deseo que tú prosperes en todas las cosas, y que tengas salud, así como prospera tu alma. **3 Juan 2**

21. Y esta es la confianza que tenemos en El: que si pedimos alguna cosa conforme a su voluntad, El nos oye. Y si sabemos que El nos oye, en cualquiera cosa que pidamos, sabemos que tenemos las peticiones que le hayamos hecho **I Juan 5:14-15**

22. Ciertamente llevó El nuestras enfermedades, y sufrió nuestros Dolores; y nosotros le tuvimos por azotado. Mas El fue herido por nuestras rebeliones, molido por nuestros pecados; el castigo de nuestra paz fue sobre El, y por su llaga fuimos nosotros curados. **Isaias 53:4-5**

23. A los cielos y la tierra llamo por testigos, hoy contra vosotros, que hoy he puesto delante la vida y la muerte, la bendición y la maldición; escoge, pues, la vida para que vivas tu descendencia; amando a Jehová tu Dios, atendiendo a su voz, y siguiéndole a El; porque El es vida para ti, y prolongación de tus días; a fin de que habites sobre la tierra que juró Jehova a tus padres, Abraham, Isaac, y Jacob. **Dt. 30:19-20**

24. Mas a Jehová vuestro Dios servireis, y él bendecirá tu pan, y tus aguas; y yo quitaré toda enfermedad de en medio de tí. **Exodo 23:25**

25. Así oyeres atentamente la voz de Jehová tu Dios, e hicieres lo recto delante de sus ojos, y dieres oído a sus mandamientos y guardares todos sus estatutos, ninguna emfermedad de las que envíe a los egipcios te enviaré a ti; porque yo soy Jehova tu sanador. **Exodo 15:26**

26. Bendice, alma mia, a Jehova, y bendiga todo mi ser su santo nombre. Bendice, alma mia, a Jehova y no olvides ninguno de sus beneficios.

El es quien perdona todas tus iniquidades, el que sana todas tus dolencias; el que rescata del hoyo tu vida, el que te corona de favores y misericordias; El saca de bien tu boca de modo que te rejuvenezcas como el águila. **Salmos 103:1-5**

27. No temas, porque yo estoy contigo; no desmayes, porque yo soy tu Dios que te esfuerzo; siempre te ayudaré, siempre te sustentaré con la diestra de mi justicia. **Isaias 41:10**

28. Hijo mio, está atento a mis palabras; inclina tu oído a mis razones. No se aparten de tus ojos; guárdalas en medio de tu corazón, porque son vida a los que las hallan, y medicina a todo su cuerpo. Sobre toda cosa guardada, guarda tu corazón; porque de él mana la vida. Aparta de tí la perversidad de la boca. Y aleja de tí la perversidad de los labios. **Pr. 4:20-24**

29. Forjad espadas de vuestros azadones, lanzas de vuestras hoces, diga el débil: fuerte soy. **Joel 3:10**

30. Respondiendo Jesús, les dijo: tened fe en Dios. Porque de cierto os digo quien dijere a este monte: quítate y héchate en el mar, y no dudare en su corazón, si creyere lo que que diga le será hecho. Por tanto os digo que todo lo que le pidereis orando, creed que lo recibireis, y os vendrá. **Marco 11:22-24**

Sepan de ahora en adelante, que la Palabra nos dice que la promesa es el resultado de nuestra fe y depende (totalmente) en la fe, de manera que nos sea dado un acto de misericordia (favor no merecido), para hacerlo estable, válido y garantizado a todos los descendientes, no sólo a los devotos y los que se adieren a la ley, sino también para aquellos que comparten la fe como Abraam, quien fue el padre de todos. Tengan en mente que Dios sana natural y supernaturalmente, así sea a través del alimento, medicina química, hierbas, o Su Palabra, pero a El le satisface que nosotros ejercitemos nuestra fe; porque la fe sin trabajos está muerta.

VIDA Y MUERTE ESTA EN EL PODER DE LA LENGUA

La Palabra de Dios nos dice que escojamos vida, y porque Jesús vino para darnos vida y para dárnosla más abundantemente, debemos infundir vida en nuestro cuerpo, familia, compañeros de trabajo y todas aquellas personas con las cuales nos encontramos en nuestro camino durante nuestras vidas. Hay muchos que nunca leen la Biblia, pero que cuando ven nuestras vidas observan una luz brillante. **Mt. 5:16** nos dice que: **"Así alumbre vuestra luz delante de los hombres para que vean nuestras buenas obras, y glorifíquen a vuestro Padre que está en los cielos."**

Yo se que nosotros no debemos añadir o quitarle nada a lo que está escrito en la Biblia; pero creo que nosotros somos el libro 67th de la Biblia. Cuando estamos pasando por una tormenta, una prueba, o tribulación, otros nos están observando para ver si confesamos lo que hablamos. El sopló su imagen, semejanza, y el espíritu de vida en la apertura de la nariz de Adán e hizo la existencia de Eva de la costilla de Adán. Dios no sólo sopló su aliento en las aperturas de la nariz de Adán, sino que en ese momento, la honradez en cuerpo (costilla) fue implantada, y el dio Su primer regalo de Su **caminata de amor**.

Entonces desde el principio fuimos circuncisados en el corazón, cosa que de él fluyeran los retos de la vida. Su aliento fue a través de el estómago donde los ríos del agua viva fluirían mientras Dios nos bendecía; El dijo que creciéramos y nos multiplicáramos y que llenáramos la tierra. La Biblia Amplificada lo espresa así: Para poblar la tierra, para dominarla, para usar todos los recursos en el servicio de Dios y del hombre.

La primera encomienda que El le dió al hombre fue que atendiera, y mantuviera lo que El le había dado, esto siendo nuestra totalidad de pensamiento, cuerpo y alma. Manteniendo esto en mente, si ustedes comienzan a experimentar una debilidad en sus cuerpos, comienzen a apreciarse a ustedes mismos. Es la primera señal de un pensamiento saludable y comiencen a impartir en sus espíritus **"Mas el herido fue por nuestras rebeliones, molidos por nuestros pecados, el castigo de nuestra paz fue sobre él; y por su llaga fuimos nosotros curados." Isaias 53:5**

Susurren una oración de Gracias cada mañana: **Gracias porque soy completo, de sano juicio, y presento este cuerpo como un sacrificio vivo, santo y acceptable a tí. Gracias por proveerme fuerzas hoy. Padre, tú dijistes que aumentarías mis beneficios diariamente. Gracias por perseverancia y flexibilidad.** Artícula la presencia de vida; porque vida y muerte están en el poder de la lengua.

Sé ahora que ustedes estarán de acuerdo conmigo luego de leer este libro, que el Dios del Universo es un Dios asombroso. Has la decisión de aclamar al Unico, el cual es Omnipotente; el Unico, quien está en todas partes al mismo tiempo y en todas las cosas; el Dios que es Jehová, Divina Presencia, El que es suficiente para todo. Como podrán ver, El es el Dios que puede enviar una palabra de terapia a cualquier problema, parte del cuerpo, situaciones de vida, reto de estabilidad fisica, problemas de salud; y El te puede sanar. **Eficios 4:24** dice "y vestíos del nuevo hombre, creado según Dios en la justicia y santidad de la verdad."

El Apóstol Pablo nos informa que nos pongamos la correa y que nos equipemos con la verdad, la Palabra escrita de Dios, nuestro arsenal espiritual, el arma de honestidad. Nuestros pies deben ser calzados con el apresto del evangelio de la paz. Debemos vestirnos con el escudo de la fe, cosa que podamos apagar todos los dardos de fuego. El yelmo de salvación es para la protección de asaltos mentales, y la espada del espíritu que es la palabra de Dios. **Eficios 6:11-16**

Alimenten el banco de su memoria con mana saludable del cielo. De hecho, ese banco de memoria (su cerebro), pesa solamente tres libras. De manera que no es el lugar de donde quieren perder peso. Aliméntenlo y sus cuerpos recibirán nueva energía, y serán restaurados no sólo con una capacidad mental nueva, sino también con una rejuvenificación física, mientras ustedes adoptan un cambio a un nuevo estilo de vida, el cual seguramente promoverá salud total. Esta fuerza de poder verdaderamente ha despertado su conocimiento.

Yo creo haber adquirido más sabiduría, revelación, y por supuesto he compartido nuevas riquezas encontradas en la Palabra. Esta decisión de "Limpiar tu Acto" yo ruego haya expandido su banco espiritual, y les halla conducido a un sendero más claro de bienestar de salud total. Dios les ha dado todo el poder y la fuerza del Cristo vivo; porque **"más grande es aquel que está dentro de tí, que aquel que está en la tierra en el mundo."**

Conociendo esta verdad y reclamándola, yo espero que les ayude a acercarse más a El. Yo espero que de alguna manera les halla dado más vitalidad a su cerebro y que les halla ayudado a comenzar a estimular su cuerpo así como Dios ha alimentado sus espíritus. La Biblia nos dice que somos alimentados, nutridos, y envigorados. Así que despierten y busquen la Palabra. **Proverbios 3:8 lo dice todo "Porque será medicina a tu cuerpo, y refrigerio para tus huesos."**

MENSAJE DE LA AUTORA

Corteze B. Rawley es un ministro ordenada con un Doctorado en Teología. Ella es Esposa, Madre, Abuela, Un soldado de la Palabra Intercesoria, Consultante Certificada Estilos de Vida de la Salud, y Capellán, a quien le encanta propagar la Palabra a través del Evangelización.

Dr. Rawley cree que este libro, inspirado por Dios, encierra sabiduría infinita y revelación. Ella dice que Dios le inspiró a poner este mensaje por escrito para su aplicación, edificación y transformación.

Todas las escrituras han sido tomadas de la pequeña biblioteca de referencias de las Amplificadas Biblias a continuación: Living, Ryrie, Life Application, King James, Living and New International Versiones de la Biblia, las cuales contienen 66 Libros, 39 en el Viejo Testamento y 27 en el Nuevo Testamento. Entre las páginas del VT hay cinco libros de Leyes, doce Libros de Historia, cinco Libros Poéticos, cinco Profetas Principales, y otros doce profetas. En el N.T. encontramos cuatro Libros del Evangelio, un Libro de Historia, un libro de Profecía, catorce Epistolas de Pablo, y siete Epístolas generales. Hay mil cien capítulos, trenta y un mil, doscientos catorce versos. En la composición de este libro, La Biblia, hay más de 800 cientas mil palabras.

La DR. Rawley dice, que **Correo Web de Dios,** ayuda a nutrir tu cuerpo, a aliviar el alma; contiene el pensamiento de Dios, y se une el estado físico al estado del hombre emocional, psicológico, y más acertadamente, espiritual.

Este libro enseña que fuimos formados para estar informados, y ella ruega que hallamos sido transformados.

Ella dá gracias a Dios por darle la habilidad de escribir este libro y por la oportunidad the traducirlo de inglés a español. Ella dice que este libro no se hubiese podido llevar a cabo sin la asistencia extraordinaria y el conocimiento editorial de Dr. Kim Sherene Nyala y la traducción al español de Gladys Coto y Carmela Lombardo, el apoyo espiritual de Sarah Harrison y Lesbia Frances, y la ilustración pintoresca de la cubierta de Joyce Hill.

Finamente ella espresa dos oraciones generales:

(1) Siendo como los diez leprosos, los cuales en la Biblia dicen ser sanados, y uno vino donde Jesús para darle las gracias; como éste hizo ver su fe, se transformó, así también se transformarán todos aquellos que lean este libro.

(2) Que este libro se convierta en una llamada universal, vista como razonable en las enseñanzas, segura en sus promesas, con alcance vasto de la visión de Dios, y simple en su aplicación.

Proverbios 3:8 "Porque será medicina a tu cuerpo, y refrigerio para tus huesos" Paz y Benevolencia.

Dr. Corteze Rawley y su familia residen en Bear, Delaware. Se pueden poner en contacto con ella a través de: Healthy/Lifestyle Seminars and Conferences for Churches and Organizations (302) 559- 9615, en el Internet. www.stepwithteze.com

BIBLIOGRAFÍA

All the Books of the Bible, Zondervan Publishing House, Grand Rapids, Michigan

Body and Soul, Linda Villarosa, HarperCollins Publishers, Inc., New York, New York

Cherry, Reginald, M.D., The Doctor and the Word, Creation House, Orlando, FL 2003

Darby H. N., Synopsis of the Books of the Bible, Loizeaux, Neptune, New Jersey, n.d.

Grant, Frederick, Numerical Bible, Vol. III, Loizeaux, Neptune, New Jersey 1944-1053

Maccaro, Janet, Ph.D., Natural Health Remedies, Siloam Publisher 2003

Walker, Norman W., Fresh Vegetable and Fruit Juices, Prescott, AZ, Norwalk Press, 1970

Wagner, James K., An Adventure In Healing & Wholeness, Upper Room Books, 1993, Nashville, Tennessee

White, W.W., Old Testament Studies, International Committee of Y.M.C.A., N.Y. 1902

Scripture Quotations Marked AMP

Scripture Quotations Marked KJV

Scripture Quotations Marked Living

Scripture Quotations Marked Life Application

Scripture Quotations Marked New International Revised Standard

Scripture Quotations Marked Ryrie

www.ingramcontent.com/pod-product-compliance
Lightning Source LLC
LaVergne TN
LVHW091535070526
838199LV00001B/75